伝承

今、伝えるべきこと

田岡敏正

近代消防社 刊

はじめに

平成9年（1997年）5月8日（木）札幌市豊平区美しが丘で発生した電気店火災。濃煙熱気の中で活動していた2名の隊員が帰らぬ人となりました。

過酷な現場を数多く経験しましたが、仲間を亡うことほど辛いものはありません。

一家の柱を亡った家族の悲しみや辛さは計り知れません。

仲間、そして家族を奪った美しが丘の火災。

悲惨な事故を繰り返してはならないという想いは、消防の強い決意であり、家族の心からの願いです。

あの現場がどのようなものであったか、また、隊員たちは如何にして濃煙熱気に立ち向かったのか、そして消防は何を教訓としたのかを伝えたい。

平成23年（2011年）3月11日（金）午後2時46分。観測史上最大のマグニチュード9・0の大地震と10メートルを超える大津波が日本列島を襲いました。

未曾有の大惨事　――東日本大震災――

全国の消防が応援に向かいました。

阪神・淡路大震災を教訓に創設された緊急消防援助隊に初めて消防庁長官が出動指示を発令したのです。

札幌市指揮支援隊は、宮城県庁に設置された緊急消防援助隊消防応援活動調整本部において被災地の応援にあたりました。

首都直下地震、南海トラフ地震「いつ来てもおかしくない」と言われ続けて30数年。そうした中、平成30年（２０１８年）９月６日（木）、北海道で初めて震度7を観測する大地震が発生し、緊急消防援助隊の応援を受けました。

近年の自然災害をみると、応援を求めなければ対応できない大規模災害が確実に増えており、今後においてもそうした災害がきっと起こるでしょう。

東日本大震災宮城県指揮支援部隊長としての経験を伝えたい。

私の消防人生において、特に、この二つの出来事はあまりにも強烈でした。

このことは、しっかり伝え残さなければならないと常々考えていました。

消防業務に携わる方々には是非知っていただきたく、この度、執筆の決心をさせていただいたところです。

本書が、それぞれの立場で消防業務を果たすうえで一助となれば幸いです。

また、日頃から消防に対し期待を寄せている市民のみなさんにも、消防活動の一端を理解していただきたいという思いから、一般の方にも分かりやすい表現に配慮したところです。

「美しが丘を忘れない」については、ご遺族のご理解をいただいたうえで、『美しが丘火災特別調査委員会』の報告書をもとに、当時出動した隊員から伺った話と私の経験を合わせ構成したものであり、内容に関しては筆者の責に帰すものであることを申し上げます。

なお、殉職した両名を除き登場人物、関係者及び施設等は仮名とさせていただきました。

令和2年10月

田岡 敏正

目次

目次　Ⅱ

第3章　緊急消防援助隊消防応援活動調整本部

I

美しが丘を忘れない

伝承 今、伝えるべきこと

「みんな、起きてくれ！　堤と岡田が運ばれたーっ！」

興奮しながら仮眠中の同僚を叩き起こしたことを鮮明に覚えている。

平成9年（1997年）5月8日木曜日　札幌市豊平区美しが丘で発生した電気店火災で、2名の消防隊員が殉職した。

堤《つつみ》　修《おさむ》　消防士長　42歳　豊平消防署 東月寒出張所

岡《おか》田《だ》一《かず》夫《お》　消防士　37歳　豊平消防署 清田出張所

当時、私は東消防署丘珠出張所で勤務していた。

管内には丘珠空港が所在し、周りにはたまねぎ畑が広がる農業地域で災害は少ない。それまで救助工作隊であった自分には出動機会が少ないことに一抹の物足りなさがあった。そうしたこともあって、よその災害が起こると、その無線交信に耳を傾け現場をイメージすることが多かった。

あの日、

4

22時59分に出動指令が入った。

「火災出動　豊平区美しが丘……」

初期段階では白煙確認とのことで、日常的に起きている火災事案の認識でいた。

火勢の制圧にやや時間がかかっているように感じたが、建物が大きいようなので多少はかかるだろうと特に気に留めていなかった。

しばらくして、「濃煙熱気で進入困難、火点確認できず」その後、「警防課長へ指揮権移行」と無線が流れた。

このときは※春季消防特別警戒期間中の取り決めで、署の通信員が幹部に連絡して、警防課長が出動したのだろうと思っていた。

それから間もなくして、「壁面が変色、バックドラフトに十分注意し活動せよ！」との危険情報が流れた。

何かにてこずって火勢が強くなったのだろうと想像していた矢先、※指令情報センターから現場指揮本部に対して「ドクター要請済み」の連絡。

えっ、※マルキュウ（要救助者）が発見されたか？

もしかして……隊員？

無線から流れる情報に様々なことを想像した。ところが、その後しばらく無線交信がなくなった。

直感した。

心配していたことが起きたに違いない。

「至急、至急、マルキュウ発見!」

さらに、堤消防士長、岡田消防士の生年月日を問い合わせる無線。

高ぶっていた気持ちが一気に爆発した。

大変なことが起きたと確信し、仮眠室へ走り込んだのだ。

私は若いときに特別救助隊で堤さんと勤務し、その後東消防署の救助工作隊のときにも同じ隊で勤務した。また、岡田さんはそのとき、東消防署東苗穂出張所に勤務していて彼のことも知った仲だった。

丘珠出張所にも堤さんとはプライベートでも親しい先輩がいて、よく彼の話題で盛り上がるなど、当時札幌消防では知らない人がいないほどの有名人でもあった。

6

「あの修が、岡も、なんで……」誰もがそう思ったのだ。

事故からしばらくして、美しが丘の話が出るたびに「俺も聞いていたよ」「涙が止まらなかった」「震えが止まらなかった」と、あの無線交信で涙した人が何人もいたことを知らされた。

私は『豊平区美しが丘火災特別調査委員会』小委員会の一員として事故発生要因の調査に携わった。しかし、消防活動のすべてを明らかにすることができず、確証たる原因究明に至ることができなかった。

他都市での同様の事故を見ると、美しが丘の火災と似た状況があり、いずれも刻々と変化する火災現象が消防活動の死角となったときに悲惨な結末を招いていた。

札幌消防はそうした教訓をもとに、現場指揮体制をはじめ、機器の充実や活動マニュアルを見直し、人材育成にも力を入れ、現場活動体制の強化を図ってきた。

以来、悲惨な事故は発生していないが、どんな現場でも危険が潜んでいる。

それが災害現場だ。

あれから20年。

堤さんと岡田さんと共に仕事した者として、また事故の調査に携わった者として、美しが丘の火災現場がどのようなものであったか、そして出動した隊員たちはどのようにして濃煙熱気に立ち向かい何をどのように判断したのか。

あとに続く後輩や消防活動に従事する方々には是非知ってほしい。

そして、決して悲惨な事故を繰り返してはならぬとの想いから、20年の節目をもって書き残す決心をしたのである。

私の消防人生で何度出動したか記録はしてはいないが、月10回30年として3、600回にも及ぶ。完璧にできたという記憶がない。

あとになって「こうだったのか」「こうすればよかった」と反省することばかりであった。

反省をもとに調べ、研究し、訓練を重ね、次の出動に備える。

それが現場を担う者に課せられた役目であり果たすべき使命であると思う。

8

※　**春季消防特別警戒**

春先に空気が乾燥して強い風が吹く時期は、火災の延焼拡大や野火火災の発生などが予想されることから、札幌市消防局では「春季消防特別警戒」を実施し、火災発生の防止を呼びかけるとともに、有事に備えた警防体制を強化している。

※　**指令情報センター**（当時の名称）

１１９番通報を受け消防部隊に出動を指令する。また、災害活動に必要な情報通信を行うセンターをいう。

※　**マルキュウ**

消防では無線に使用する頻度の高い用語などを無線用語として決めている。札幌市消防局では「マルキュウ」は要救助者を意味する。

第1章　火災の概要

1　火災発生場所

火災発生場所の美しが丘は、札幌市の中心部から南東10キロメートルほどに位置し、昭和60年代から急速に開発が進められ、平成４年（１９９２年）に里塚地区の番地が美しが丘に改名した住宅地で、国道36号線と並んで走る羊ヶ丘通の沿線は大型店舗が立ち始まってきた商業地域である。

　この地域を管轄する豊平消防署清田出張所は、昭和48年（１９７３年）に分遣所から出張所になり、清田方面の防災拠点として、水槽車（水槽付消防ポンプ自動車）と救急車の２台が配置されていた。

　平成９年（１９９７年）11月４日には清田区が誕生することになっており、同時に清田消防署も新設され、開署に

南西からの外観（南が建物正面）

向けた準備が進められていた。

その年の４月からは日ごとに忙しさが増して、夏には仮設庁舎へ引っ越すことになっていた。

札幌市は昭和47年（１９７２年）に政令指定都市へ移行し、大都市の仲間入りとなった。

その後、平成元年（１９８９年）に手稲区と厚別区の新設により、それぞれの区にも消防署が新設された。

清田区は10番目の行政区で、区の中心部には千歳空港へとつながる国道36号線がとおり、札幌市の南東部の表玄関でありベッドタウンとなるのである。

２　火災の概要

出火した建物は、準耐火造地上２階建て、延べ面積６２３平方メートルで、柱や梁などの軸組み材はいずれも鉄骨。外壁の南と西面は厚さ６・８～10ミリメートルの

北西からの外観

ガラス張り。他の2面はラス入り軽量気泡コンクリート板（ＡＬＣ板）である。

屋根は長尺アルミメッキ鋼板で、屋根裏及び外壁の内側には木毛セメント板が張られ、その上に発泡ウレタンが吹き付けられている。

5月に入ってから2階吹き抜け部分の造築や一部間仕切工事が行われていた。

1階のショールームを仮店舗にして営業し、商品のほとんどはその仮店舗と2階の商品庫に移動していた。

所有者のサヤマは、夜の10時頃に鍵を掛けて帰宅したところ、自宅に設置されている緊急通報システムの火災通報が鳴ったので車で駆けつけると、店の東側の方から煙が出ていたので携帯電話で119番通報した。

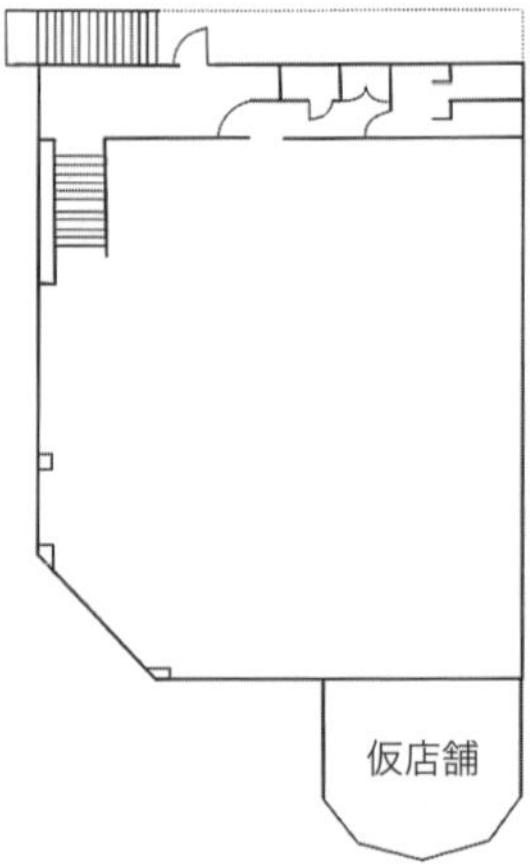

1階の概要

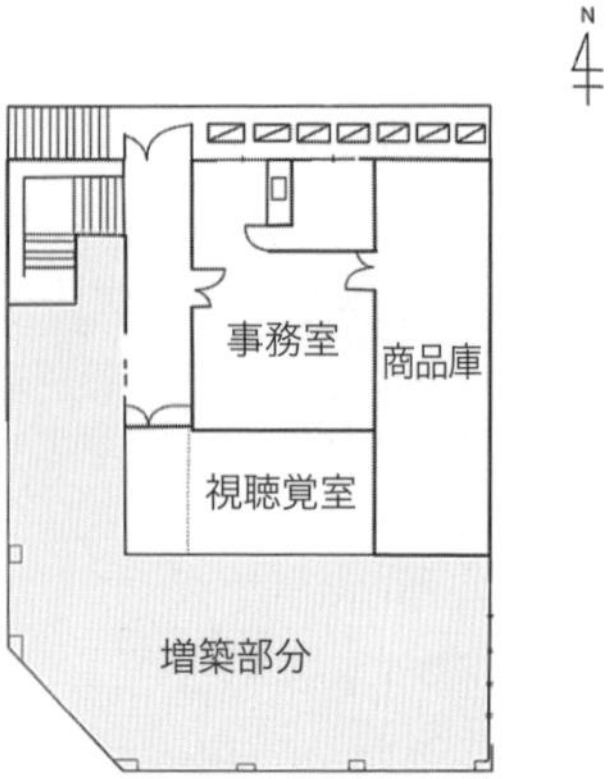

2階の概要

出火からおよそ10分後である。

出火場所は2階の商品庫と見られる。

ここには家電製品が大量に収納されており、商品を梱包している段ボールやプラスチック製品などに燃え広がった。

さらに、天井がない商品庫の上方へと拡大していき、屋根裏の内側に吹き付けられている発泡ウレタンなどの燃えやすいものが一挙に燃焼したことによって酸素が消費され、次第に燃焼が緩慢になっていった。

消防隊が到着した頃はそうした状態であったが、出入口の開放や窓を破壊したことにより酸素が供給され燃焼が促進されていった。

ところが、火点は奥まったところで消防隊が容易に近づくことができず、注水活動は困難を極めていったのである。

この火災は、2階内部を全焼（1階は壁体の一部焼損）し、通報からおよそ3時間半後に鎮火した。

3　出火原因

出火場所は2階の商品庫であることは消防隊の情報や燃えた痕跡から特定できたが、夜間無人のところから出火したこの火災の原因調査は困難を来した。

当時はリニューアル工事中であったことから、電気溶接器など工事用電気器具や配線のショート、あるいはコンセント回路の短絡や漏電、さらにはアセチレンガス溶断器の漏洩ガスによる着火などが考えられた。

また、工事関係者や従業員のたばこの不始末、そして放火など考えられる要因をすべて洗い出し、聞き込みを重ね検証や実験を行いながら詳細に調べを進めていった。

火災調査特別委員会が出した結論は、これらの中でも短絡痕の認められる配線から出火した可能性が高いと推測したが、いずれも完全なる確証が得られず、原因の特定には至らなかった。

第2章　消防活動

1　代勤

平成９年（１９９７年）５月８日木曜日　この日は二部制でいうところの乙番（本署は二係）が勤務番である。

災害活動にあたる職員のシフトは隔日勤務。簡単に言えば二つの部が一日おきに勤務するのである。

清田出張所では救急隊長が救急救命士の就業前研修に出向しているので、水槽隊から救急兼務隊員の宮下が救急隊となっていた。

また、かねての都合で1名が休みを申請していたので、事前の調整で同じ署の東月寒出張所から代勤をもらうことになった。

東月寒出張所では異動して間もないが、堤が代勤に行くことになっていた。

隊長代勤ではいくら堤でも地理も分からず不安があるだろうが、隊員であれば負担も少ないということで、消防司令補の砂山が出張所長の丸山に相談して決めていた。

当日の朝になって野原消防士が「堤さん、自分が行きますよ」と申し出たが、「大丈夫、俺が行くよ」と返された。

野原は4月に来たばかりの堤に気を遣っての申し出であったが、その日は、自然水利部署訓練が予定されており、機関員（運転及びポンプ操作する隊員）の資格を得て間もない野原にとっては貴重な訓練機会になることを堤は考えていたに違いない。

自然水利部署訓練とは、河川や沼などの直近に消防車を止め、消火用の水を汲み上げる訓練で、河川管理者の事前の許可が必要となり、日常的にはできない訓練である。

さて、代勤とは、病気や急な事情で休暇が発生した場合や研修等の出向によりその職場内での調整でも人員を確保できないときに、署内の他の職場から派遣してもらい、人員を確保するというシステムで、隊の編成に関わる大切なシフトである。

今風に言えばヘルプといったところだ。

こうした代勤は、現場部門の勤務体系が二部制ゆえに、どこの職場でも行われていた。

当時、札幌消防の交代勤務は指令課がいち早く三部制を導入していたが、その他は二部制であった。

二部制は二つのチームが24時間交代で、３６５日休むことなく業務を行うのである。

二部制における隊の編成は日替わりと言ってよい。

水槽隊、救助隊、救急隊など、その種別に応じて最低人員が定められ、それを確保するためにプラスαの人員が配置されていて、毎日勤務者の土日に当たる休みは、その隊の中で重ならないように割り当てるのである。すなわち、毎当務が日替わりメンバーとなる。

分かりやすく言えば、隊長が休日のときは副隊長が隊長の役割を果たし、機関員が休みのときは機関業務が可能な者が行うのだ。

中でも機関業務や救急、救助業務もできる副隊長は大変だ。

自隊の隊長代行や機関員にもなるし、他隊の隊長代行や副隊長、隊員、機関員になることもある。

よく言えばスーパー職員であるが、そうした職員には大きな負担でもあった。

代勤システムは隊の編成が柔軟にできるし、多様な職員を育てるという長所がある反面、隊内のコミュニケーション不足や自分の役割が変わることへの不安があった。

明日の勤務は○○へ代勤と予定していたが、出勤すると代勤先や乗務する車が変わっていたということも少なくなかった。勿論、なんでもできるからといって同じ職員に日替わり業務を命じることはないが、階級や資格の関係上致し方ない面があった。

　そうした日替わりメンバーに対応するために、隊長を中心に出動時の手順や災害種別ごとの活動要領について事前に確認し、共通認識のもと災害に備えるのであるが、固定メンバーであっても阿吽の呼吸をつくるまでには、訓練や経験を重ねてもそれなりの時間がかかるのである。

　それが人事異動によって隊員が入れ替わったとなれば、初めて顔を会わせる者同士で隊編成するわけであり、隊長として当分は出動がないことを祈るのである。

　5月8日、清田水槽隊の編成メンバーは、

隊　長　三浦和善　消防司令補　49歳
副隊長　堤　　修　消防士長　42歳（東月寒出張所から代勤）
機関員　山口　保　消防副士長　52歳
隊　員　岡田一夫　消防士　37歳

機関員の山口以外は4月の人事で異動したばかりであった。

「東月寒の堤です。代勤に参りました。よろしくお願いします」と隊長の三浦のもとへ行き挨拶をした。

堤は、三浦をはじめ清田出張所には顔馴染みが多かった。

「おう、修、頼むな」

三浦も堤のことは野球仲間でもあり、以前からよく知っていた。

事務室では交代を控え、その日の当番者と非番になる者が入り混じっていた。

個々に申し送りをする者や、勤務あけでリラックスしているのだろう、釣り談義で盛り上がる者などいつもの光景があった。

「堤さん、よろしくお願いします」

岡田は以前、堤と東消防署東苗穂出張所で勤務していたので、人柄や現場のスペシャリストであることもよく知っていた。

面識のない代勤者と24時間共に勤務することには誰にでも不安がある。ましてやそれが怖いと聞いている先輩が来たときには、それはもう緊張が高まる。

しかし、その日の岡田には近親感と安心感があったに違いない。

代勤の堤は、昭和48年（1973年）の拝命以来現場一筋で、署の救助工作隊（通称、救工隊）や消防局直轄の特別救助隊の経験をもつ救助のスペシャリストだ。

私も彼とは2度同じ隊で勤務した仲で、現場のスペシャリストとして尊敬する一人だ。

当時は交通事故や機械事故による救助出動が多く、車両の閉じ込め事故となると、押しつぶされたペダルに足が挟まり、さらに変形したドアが救助活動を困難にさせていた。

そうした現場では、ポートパワーという手押しの油圧救助器具や、ドアオープナーと呼ばれる特殊な器具を使ってドアをこじ開け、ブレーキペダルを押し広げて救出するというのが一般的だが、当時の堤は、長さ1・5メートル重さ10キログラムほどの金テコを巧みに扱い、変形したドアを開け、潰れた箇所にいとも簡単に隙間をつくってしまうのである。

救助器具を準備している間に「あいたぞーっ！」「えっ、もう？」なんてことが何度かあり、周りからは〝人間ポートパワー〟と呼ばれるほど力と技を兼ね備える凄腕の持ち主だった。

また、若いときから野球をやっていて、消防局の野球部ではエースとして活躍し、実業団を破って全国大会に導いた時代もあった。

一方、岡田は、昭和56年（1981年）に拝命し、救急隊が長かった。

性格は物静かでやさしい人というのが周りの印象であるが、頑固というか、一度決めたら貫くという気の強いところがあった。

ヘリコプターの操縦士免許への取組みには、家族も周りも驚いた。

札幌市消防局では平成3年（1991年）にヘリコプターを導入し、情報収集をはじめ人命救助や消火活動に機動力を活かした警防体制の強化を進めていた。

また、導入当初から消防ヘリコプターによる傷病者の搬送を検討し、平成6年（1994年）には近隣消防本部と医療機関連携のもと「消防ヘリコプター救急搬送試験事業」に取組んだ。

そうしたときに、岡田は消防ヘリコプターの操縦士を目指すことを決心したのだ。

自費でスクールに入り、渡米して操縦士の試験に挑んだ。

札幌消防では既に自費でヘリコプターの免許を取得し、消防ヘリコプターの操縦士となった竹山幹博がいた。

岡田は竹山を何度か訪ねていた。

竹山によると、最初の渡米では実地試験まではいかなかったものの、「次回は絶対突破する」と清々しい表情をしていたのがとても印象的だったと話す。

清田出張所在職当時は苦手にしていた英語力をつけるため、英会話研修にも積極的に手をあげるなど懸命に取り組んでいた。

平成９年（１９９７年）４月に、救急隊員から水槽隊員になったのは、業務の負担を少しでも軽くして、彼の頑張りに応援しようという組織の表れでもあった。

そうした岡田は「救急隊から消防隊になってから体が楽になった」と奥さんに話したことがあり、奥さんも「よかったね」という話をしていたのだった。

2　火災出動

その日は朝から雨模様で、日中から気温が低かった。

昼間は引っ越し作業で寒くはなかったが、夕方から冷え込んだので、たまらず非常用のポータブルストーブを使うことにした。

事務室では、通信勤務の宮下と堤がストーブにあたりながら野球談義で盛り上がっていた。

宮下と堤は共に消防局の野球部だ。

隣の待機室に水槽隊機関員の山口がいた他は仮眠中である。

22時59分

「火災出動　豊平区美しが丘……火災出動……」

「おっ、出動だ！」

宮下がシャッターのスイッチを押した。

「宮、分かるか？」堤が聞くと、

「はい、厚別中央通と羊ヶ丘通の交差点あたりです」

「よっしゃ」

山口が水槽車を出した。

2階からダダーっと下りてきた。

「三浦さん指令書」

宮下が水槽隊長の三浦に出動指令書を渡した。

出動指令書には、覚知時間、住所、地図情報、対象物名、高齢者情報などが記載されている。

「後ろ、いいか？」

「よし！」

三浦はいつもどおり後部座席の隊員を確認して、山口に合図した。

「山さん、国道から厚別中央通だな」

「了解」と言いながらも、山口は救急隊と同時出動のときは救急車の後を行くようにしていた。

救急隊の出動順路は三浦の考えと同じで、国道36号線を下り（図面上では北が上なので南方面に進むことを下ると言っている）厚別中央通を右折する順路であった。

「札幌消防から出動各隊、現場は美しが丘……電気店で……2階建て、ここで自火報（自動火災報知設備）が鳴り、煙が出ているという通報、通報者にあっては同建物所有者でサヤマなる男性、現場目標は羊ヶ丘通と厚別中央通の交差点に所在、以上札幌消防」

「豊平1から札幌消防、現場指揮、豊平消防二係長、どうぞ」

指令情報センターから通報状況が送られ、豊平指揮隊から現場最高指揮者は消防二係長である旨の指揮宣言が流れた。

この火災事案はDランク地区の出動で、ポンプ群隊（消防ポンプが積載されている車両で、水槽車や化学車も含まれる）が5隊選定される他、指揮隊、救急隊、救助工作隊など火災第1出動で10隊が出動した。

当時の出動台数は、建物の密集度や地水利の状況、あるいは病院や危険物施設など様々な情報をトータル的にランク付けして、札幌市内をAからEまでに区分し、そのランクに応じて出動隊数が決められていた。

また、昭和62年（１９８７年）に消防局庁舎の新築移転に伴い、防災トータルシステムが導入され、災害現場から近い消防署所のポンプ群隊がコンピュータで選定されるようになっていた。

なお、指揮体制は自署管内の災害を第1優先とする所轄主義である。

この日の指揮隊は現場最高指揮者以下3名で編成されていたが、指揮隊員としての特別な研修や要件はなく、任務分担や活動についてはそれぞれの隊が工夫しながら行っていた。

現場最高指揮者の西田消防二係長は現場一筋でやってきたベテランである。

無線担当の川端は救工隊経験もあり、何事にも研究心が旺盛で情報担当で機関員の成沢を熱心に指導しながら指揮隊のあるべき姿を求めていた。

西田はそうした部下に期待と信頼を持っていた。

ちなみに、私が消防を拝命したときには指揮隊という隊はなく、指揮車に機関員が配属され、日中はもっぱら署長の足として使われていた。それからするとかなり進歩したと言える。

現場最高指揮者の西田は、自火報が鳴って煙があるという通報からして、燃えているようだがこの時間は客がいる時間帯ではない。でも従業員ならいるかもしれないと考えた。

「川端君、マルキュウ情報確認してくれ」

「了解です」

「豊平1から札幌消防、建物内にマルキュウ情報あるか？」

「現在にあってはマルキュウ情報なし、どうぞ」

「了解」


「札幌消防から出動各隊、マルキュウ情報を送る、……なお、通報者サヤマなる男性は建物に来たところ煙が出ているので通報したとのこと……以上札幌消防」

「豊平6から札幌消防、居住者か所有者にあってはまだ建物内にいると予想されるのか？」

「了解、確認後送る」

「清田2から札幌消防、現着」（清田水槽隊が現場に到着）

「了解、外観上の一報送れ」

出動部隊にとっていち早く知りたい情報は、建物内に逃げ遅れがいるかどうかであり、初動活動を左右する最も重要な情報である。

特に、指揮を執る者としては活動方針に関わることであり、部隊の配置や活動命令に大きく影響を及ぼすからだ。

出動途中、現場最高指揮者の西田は、第一にその情報を確認するよう無線担当の川端に指示し、指令情報センターに逃げ遅れの確認をしたところ、「現在にあっては情報なし」との回答がきた。

また、その後指令情報センターから出動各隊への無線交信の中にマルキュウ情報送ると言いつつ、送られた内容にマルキュウ情報が含まれていなかったのである。

そこで救工隊長の吉田がすかさず再確認したが、それに対して「確認後送る」という回答だった。

その直後に清田水槽隊が現場到着の無線を入れたのだ。

この時点で指令情報センターの確認事項は、最先着の消防隊に移行されたのである。

どういうことかというと、通報者は１１９番通報時に「私は店の所有者で、中にはいないと思います」と言っていたのだ。

通報を受けた指令員は全員が避難済みであると確信できなかったので、豊平１（豊平指揮隊）の照会に対しては「現在のところマルキュウ情報なし」と送り、豊平６（豊平救助工作隊）に対しては「確認後送る」と答えたのである。

そうしたところに清田２（清田水槽隊）が到着したので、指令員は現場に到着した隊が確実な情報を得てくれるので、通報者に再確認する必要がなくなったと判断したのだ。

出動中の部隊は、この無線交信を聞きながら「マルキュウ情報はどうした？」と思ってはいただろうが、どの隊も現場に着いていないので、こうした確信がもてない情報に対しては「いるかもしれない」と危険側にたって行動するのである。

「逃げたのかい？」「逃げた！」、「みんな逃げたの？」「みんな逃げた！」という情報でも「みんな逃げたのはうちの家族」とか、「うちの従業員はみんな逃げた」ということがままあるからだ。

※　**無線呼出し名称と略号**

札幌消防では車両の種別を記号化し、無線の呼出し名称は記号に署所名を冠称する。

また、様々な無線略号を用いて、無線交信の簡素化やプライバシーの保護を図っている。

《例》

指揮車↓1、水槽車↓2、ポンプ車↓3、救急車↓5、救助工作車↓6

豊平指揮車↓豊平1、清田水槽車↓清田2（隊長用携帯無線↓清田502）

指令情報センター↓札幌消防

要救助者↓マルキュウ

3　現場到着

最初に到着したのは清田救急隊だ。

車内から見ると、建物の東側の方で白煙が、もやーっと見えた。

副隊長の宮下は、玄関前でうろうろしていた男を見つけ、

「あれ、通報者だな」と近づいた。

「あなた、ここの人ですか？」「通報しました？」

「はい、私です」

とその男は取り乱した様子はなかった。

そこへ、清田水槽隊が到着した。

清田水槽隊は救急車を追うように、国道36号線を下り、厚別中央通から羊ヶ丘通を左に曲がって建物の正面に車両部署した（車を止めた）。

隊長の三浦は「修、頼むな」と言い残し、足早に状況確認に向かった。

副隊長の堤は「岡、3本でいいぞ」と指示し、筒先側のホースを岡田に担がせ、自分は水元のホースを担ぎ岡田の肩を叩いた。

堤は、自分が担いだホースが延びきったところで岡田に先行して正面の出入り口前に行き、ドアの横を指してホースを置くよう指示した。

それを見ていた機関員の山口は、ゆっくり予備送水を開始した。

三浦の「頼むな」は、大体のことは事前命令で行う時代に育った二人の関係ゆえの簡潔な命令であった。

その事前命令とは、最先着隊は人命救助、延焼防止、増援要請など、後着隊は水の確保、手薄方面への部署など、それぞれ部隊の到着状況に応じて必要な措置を行えというもので、隊内の任務分担も然り、いちいち細かく命令されなくてもそれぞれの隊長判断に基づき活動するのだという代々教え込まれてきた〝現場活動の鉄則〟であった。

三浦は、到着直前に北面の1、2階の出入り口と階段の存在を車内から確認していた。

耐火造2階建て、500平米はあると読んだ。

車を降りると救急隊の宮下が関係者と接触していた。

「三浦さん、マルキュウなし！」と大きな声で知らせてくれた。

「了解」と手を上げ合図した。

「いないか、よかった」と思いながら建物の西側を通って裏側の北面に向かった。

1階と2階のドアを開けようとしたが開かない。ドアに熱気は感じられない。

情報では燃えているような感じだったが「燃え」ていない

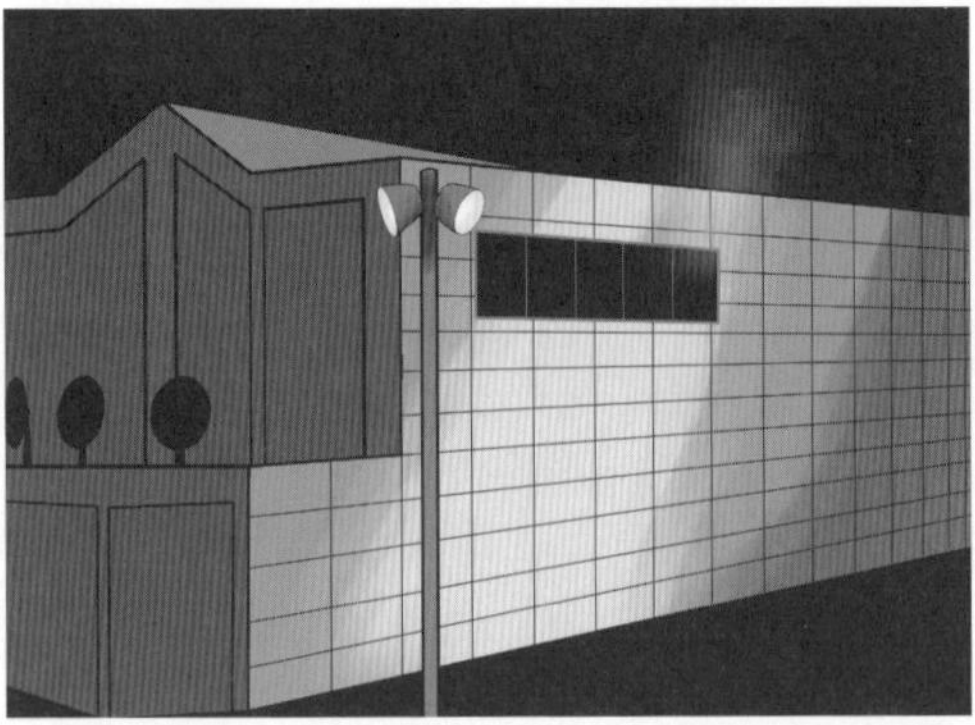

最先着隊到着時の東面の状況

のかなあ」と思いつつ正面に戻ったところ、東側の方でふあーっと立ち上がる白煙が見えた。

「やっぱり何かが燻っているんだろうか？」

「ここの関係者はいるかい？　誰かいるかい？」

「私です」と宮下と話しをしていた男が近寄ってきた。

「中にはいないのかい？」

「はい、私が最後に鍵をかけて出ました」

「そう、２階の鍵はあるかい？」

「はい、あります」

「開けて」と指示し、それまで得た情報を指令情報センターへ一報した。

「清田５０２から札幌消防、通報者からの情報、通報者は最後に……」

「無線断続、さらにどうぞ」

「通報者からの情報……」

三浦は場所を変えながら送信した。

隊長の携帯無線機は１ワット型で、郊外や建物の影になるとよく途切れることがあった。出力もあるがアンテナの向きが影響するのだ。時に自分の体が邪魔をしていることもあり、動いている中では気づかないこともよくあった。

その後、指令情報センターから出動各隊に「建物内にマルキュウ情報なし」との無線が送られた。

ちょうど、豊平指揮隊が到着したときである。

宮下は、関係者のサヤマから一通りの情報を聞き、指揮隊の川端へ報告した。

負傷者のいないことを確認した救急隊長の神崎と機関員の臼杵は、交差点筋向いの消火栓にホースカーを引いた。

清田水槽車の積載水量は2、000リットル。一気に出すと5分も持たない。

救急隊の二人は白煙の上昇と建物規模から判断して水の確保を急いだのだ。

4　内部進入、火点は2階だ！

正面出入り口の自動ドアは手で開けることができた。

堤が中を覗くと白っぽいシートが垂れ下がっていた。

シートをめくると全体に煙が充満していたが、濃煙というほどではなかった。

堤は、先に岡田に面体（空気呼吸器のマスク）を着装させ、その様を見ていた。

自分も着装すると機関員の山口へ手を上げた。

山口は、堤の合図でレバーを慎重に操作しながら送水圧力を上げた。


当時使用していた空気呼吸器は、プレッシャーデマンド形でボンベは軽量型である。

大きな特徴は、面体の内部を陽圧にして煙を入れないのである。

また札消式と言ってよいと思うが、充電式の拡声器が内蔵された伝声装置が取付けられていて、条件がよければ10メートルほど離れていても声がよく伝わる優れものだ。

難点は、電池が切れると伝声能力が落ちることや面体の下部にそうした装置がつくので、やや重く感じるなど操作性やメンテナンスに改善を望む声があった。

圧縮空気は最大１５０kgf/cm^2（約14・７MPa）で充填され、緊急脱出用の空気を残すと最大で約20分。平均的な充填圧力や消費の個人差を考慮すると17～18分の使用時間であった。

残圧が30キログラムになるとホイッスル式のアラームが鳴動する仕組みになっている。

隊長の三浦は、周囲の確認と関係者からの情報をもとに現場の状況を一報したのだが、指令情報センターとの交信にしばし時間を要した。

送信内容がスムーズに伝わらず、交信中に他の無線が割り込んだりしたのだ。

建物の概要。

屋上付近から煙を確認したこと。

通報者が最後に施錠したこと。

内部に人がいる可能性がないこと。

清田水槽隊が内部進入したこと。

これらを何度かのやり取りで報告してから自隊のホース線をたどった。23時07分頃だった。

ホースを伝いながら5、6メートルほど進むと、(二人が)「あーいたなー」と分かった。

そこで会話を交わすことはなかったが、堤と手分けするかたちで1階を検索した。

燃えている様子はなかった。

階段を見つけ、何段か上がったところで、「火点は2階だよ」と肩をポンポンと叩かれた。

「おー、分かった」と返した。

救工隊の戸田副隊長だ。戸田とは以前に勤務していて、声ですぐに分かった。

「火点、2階だー!」

と声をあげると、ホースを引きずる音がして堤と岡田が来た。

3人で部署移動(筒先配備の場所を移動)し、ホースを2階に上げた。

清田水槽隊から遅れること2分、東月寒水槽隊が到着した。

出張所長で隊長の丸山と副隊長の砂山は進入場所の選定に走った。

砂山は直近の出入り口が有効と判断し、すぐに車に戻って野原に「3本延長、玄関から入るぞ!」と指示した。

出入り口までホースを延ばすと、丸山が「エアーパック(空気呼吸器をこのように呼んでいた）を着けてくる」と車へ戻った。

砂山が内部を確認すると、出入り口のすぐ前にシートが垂れ下がっており、めくると煙が充満して中は何も見えない。清田のホースが入っていたが、どっちの方向に延びているのかも見えなかった。

「入るぞ、いいか」

野原は緊張した。

面体を動かしながら面体バンドを何度か締め直して顔に密着させた。

小声で「よし」と自分に合図し、ホースを抱えた。

「はい、オーケーです」

「よし、いくぞ」

砂山と野原は床を手探りしながら進むと、間もなくして清田水槽隊と出会った。

「火点どこ？」

「分からん！」

かすれ声で隊長の三浦だと分かった。

野原は清田水槽隊の岡田に気づき、声をかけた。

「火点は1階じゃなさそうだな、2階だろうな？」

岡田は聞こえていなかったのか、自分に話しかけられたと思わなかったのか、特にアクションはなかった。

岡田の肩には何枚かのホースが乗っていた。

札幌消防のホースの延ばし方は、1メートルから1・5メートルほどの長さでホースを折り重ねて車両のホースボックスに積載しておき、延ばすときには水源（車）側を上にして肩に担ぎ、順に落としながら進んでいくというのが伝統的なやり方だ。

また、第1線用は内径65ミリメートルホースをベースに数本結合し、筒先側の1本を内径50ミリメートルホースとするのが一般的積載方法であった。

その後、清田水槽隊とは別々になった。

熱気があれば分かるが、どっちを向いても熱さは感じない。

「火点、2階だー！」

声の方向へ進むと階段が見え、そこでまた清田水槽隊と一緒になった。

野原はホースを引き寄せながら階段を上がった。

踊り場あたりに来ると急に熱くなった。

二人で懸命に引いたが2階までは届きそうにない。

「これ以上無理っす！」

「よし、増加するぞ、二重巻きと遮断器だ！」

「了解」

砂山は野原に命じた。

砂山は筒先側でホースを遮断して増加する方法を選択したのである。

遮断器とは50センチメートルほどの鉄棒をV字型にしたもので、それにホースを挟んで水の流れを遮断するといった画期的な器具である。シンプルな操作で確実、かつ、どこでも送水を遮断することができる。しかも車両からの送水は継続したままで無線連絡の必要がない。

これぞ先人の知恵である。

東月寒水槽隊機関員の向田は、砂山と野原がホースを延ばしていったので送水準備にかかった。

ホースは建物方向に延びているが、その先どっちへ行ったか分からない。

不安に思いつつ無線連絡を待った。

指示がこない。

署轄系無線で再三呼び出すも応答がない。

待てども来るはずがない。

ダッシュボードの上に署轄系無線機があったのだ。

「（水を）送らなければ……」

延長した本数からするとポンプ圧４キログラムは必要だ。でも、どこに筒先部署するのか分からない。

とりあえず３キログラムで送った。

向田が初めて現場活動で送水した瞬間であった。

携帯無線機は各隊長と救工隊の副隊長に配備されていて、消防隊副隊長の砂山は持っていなかった。

また、署轄系無線機は隊長と機関員間の連絡用として、この年から段階的に配備されたが、二つの無線を使い分けることに慣れておらず、ましてや防火衣に2個つけることに煩わしさを感じる者も少なくなかった。

野原が戻ってきた。

「増加だ、2階に入る」

「どうなんですか？」

「結構熱いけど火点が分からないのさ」

「清田が2階に上がった、うちも2階に行く」

と言って、50ミリメートルホースと遮断機を持って走った。

向田は、署轄系無線機を持って追いかけたが、野原の姿はなかった。

車に戻って送水圧力を上げた。

当時、使用していた管そうは、長さ60センチメートルほどの筒状のもので、注水が棒状や噴霧になる可変ノズルである。適正な筒先圧力は3キログラム前後であるが、2・5キログラム以下では十分な射程が得られないし、4キログラム以上になると強い反動力が生じ、一人で保持するには危険だ。

第1線の先のホースは50ミリメートル、さらに50ミリメートルホースを増加し2階へ上がると言う。50ミリメートルホースは折れやすいし、折れると圧が極端に落ちる。ホースの摩擦損失や2階に上がることを考えると……、

向田は、送水の難しさを初めて感じたのであった。

東月寒水槽隊がホースの増加を完了したときには、すでに清田水槽隊は階段を上がっていた。砂山は階段を上りきる少し手前で「援護頼む」と言われ、その隊員の肩をポンポンと、了解の合図をした。

目の前のホースすら見えないが、「援護頼む」と言ったのは確かに堤の声だった。

「清田の援護に入るぞ」と野原に告げ、清田水槽隊のホースが延びている前方に向け、ノズルを八分くらいの開きで噴霧注水を開始した。

このとき砂山は、清田水槽隊の援護注水にまわることが極めて大事な任務になる。絶対、注

水を途切らせてはならないと言い聞かせた。

すなわち、二人が同時にボンベ交換に出てはならないということである。

それと、砂山は情報を集めた。

左手で壁を触ったがさほど熱くはない。天井に向け注水した。落ちてくる水は熱くない。天井材なども落ちてはこなかった。

清田のホースを膝で押しつけた。「うちよりやや弱いが、大丈夫だ」

暗闇。

濃煙熱気。

火点が見えない。

内部の造りも分からない。

そんな状況ではいくら経験豊富な者でも不安がないわけがない。

砂山は少しでも情報を集め、不安材料を取り除こうとした。

自分が不安になると野原にも伝わるからだ。

一方、所長の丸山は空気呼吸器を着装後、自隊のホース線をたどった。

階段の最上段あたりでホースを押えていた。

まもなくすると、

「野原君、俺は出るからな！」

「えっ!?」

「方面指揮だ」

丸山は北側の方面指揮にあたるよう無線を聴取し屋外に出た。

5　火点検索

23時08分　現場指揮本部が設置された。

南面と西面が見える角で、指揮本部としては最も適した場所だ。

指揮本部長の西田が建物周囲の確認に向かおうとすると、正面から消防隊員が出てきた。

「どうだ、火点分かったか？」

「分かりません」

「まずは火点だ、火点探せ！」

西田が命じたのは清田水槽隊の堤だと思ったが、確信はなかった。

そばにいた救工隊長にも「とりあえず、火点検索だ」と命令した。

西田は、建物周囲の確認に向かった。

救助工作隊は指揮隊にやや遅れて到着していた。

機関員を除く４名が正面出入り口前に集結した。

マルキュウなしの情報はすでに確認している。

隊長の吉田は戸田副隊長以下３名に火点検索を指示し、まず内部を偵察することにした。

隊長、副隊長の両方がいるときは２班に分かれることが多かったが、吉田は建物規模を考え副隊長以下３名での進入を指示した。

機関員の徳山は、スパーワットと呼んでいる携帯発電機と投光器を正面に運び、エンジンをかけ、ライトをつけて隊員の進入に備えた。

副隊長の戸田が先行、すぐ後ろから五島隊員がライトを照らした。一番若い沢口はスパーワットを持って後に続いた。

垂れ下がっているシートを引き落としながら進んだ。

徳山は出入り口で煙を避けるように低い姿勢で中を覗き込んだ。5メートルも進むとライトが消えた。

「どうした!?」

「待ってください」

沢口が何度か発電機のスターターロープを引くがかからない。

「ダメです」

「おーい、大丈夫か？」

徳山も甲高い声を張りあげた。

五島と沢口は一旦屋外に出た。

沢口が2度3度ロープを引くとエンジンがかかりライトがついた。

「よし、直った」

「入るぞ！」

五島がライトを照らしながら再び進入した。

徳山はこれまで見たことのない黄緑色の煙が吹き出る様に異様な光景を覚えていた。

「あっ、また消えた！」

戸田は二人に交換するよう指示した。

戸田も一旦は出ようかと考えたが、出口方向も分かっているので大丈夫と判断し、中で待つことにした。

少し待ったが、何もしないでじっとしているのもどうかと思い、さらに左手で壁を伝いながら進んだ。

壁にはシートが張られていたので引き落とした。

大きなガラスが現れた。

そのガラスは、6～10ミリメートルの強化ガラスで、高さが約3メートル、幅は3～5メートルで何箇所もある。

南面と西面の1、2階の壁面がほぼガラス張りとなっていたのである。

煙はあるが熱くはない。

さらに進むと階段があり、踊り場あたりから熱くなってきた。

腰を低くしながらゆっくり上がった。頭が2階床面の高さぐらいになったときに、ぶあーっと急に熱気を感じた。

「ダメだ」

保安用ヘルメットではこれ以上進めないと判断し階段を下りると、踊り場あたりで消防隊と出会った。

「清田の三浦さんだな？」

「火点は２階だよ」と伝え、その場で指揮本部に無線を入れた。

「豊平５１６から指揮本部」

「火点は２階と思われる。正面から入って左奥に階段あり、２階に筒先配備せよ、どうぞ」

「指揮本部です。さらにどうぞ」

「豊平５１６から指揮本部……」

無線が途切れ、なかなか伝わらない。

断続しながらも送受信を繰り返している間に、清田水槽隊が階段を上がっていった。

戸田は「２階に筒先配備完了」と追加した。

間もなくして注水する音が聞こえた。

戸田は「すぐにも制圧するだろう、先が見えた」と思った。

外に出た二人が戻らないので、足早に屋外に出た。

「指揮本部から札幌消防」

「指揮本部どうぞ」

「救工隊、内部進入、２階が火点と思われる。２階を重点検索する。どうぞ」

「了解」

23時19分頃だった。

救工隊長の吉田は、正面出入り口の上の方から煙が出ていたのを見逃さなかった。

「ここで吸排気している。どこか排気口を設定すれば煙が抜けるはずだ」と考えた。

指揮隊の成沢から裏口の鍵を受け取り、北側1階のドアを開けた。

少し開けただけで一面から黒い煙が出てきた。

そこへ、東白石化学隊がホースを延ばして来たので、隊長の内川に1階に入るよう要請した。

化学隊といっても火災現場ではポンプ群隊と同じ活動を行う隊である。

隊長の内川は、正面から２線入っていたので「うちは警戒筒先だな」と判断し、北側にホースを延ばしてきたのだ。

1階に入ると煙が充満していたが、熱気も火炎もなかったので注水することなく屋外に出た。

吉田は2階に駆け上がった。

「ここを活動拠点にすれば効果的だ」

ドアを開けようとしたが開かない。横の窓からは燃えている様子はなかった。

鍵を入手しようと正面に戻ると、関係者のサヤマと接触した。

「内部の図面を書けるかい？」

「えっ、図面ですか？」

「中の間仕切りが分かればいいんだけど」

「分かりました」

「簡単で構わないので、書いてあそこに持って行って！」

指揮本部を指した。

鍵のことを聞こうと思っていたが、関係者を前にしたら「図面が先」と思ったのだ。

その後サヤマから鍵を借り、再び屋外階段へ走った。

ドアを10センチメートルほど開けると、熱風と黒煙が吹き出したのですぐ閉めた。

不用意な開放は危険を招く。

マルキュウがいないことは確認済みだ。
消火活動の支援、そのための火点検索を急がなければと考えていた。
指揮本部長の西田が東面の確認に来たとき、北野水槽隊がホースを延ばしてきた。
2階の窓を見ると、一番右側の窓の下の方が赤く見えた。
「ここだな」と思った。
窓は、東面の南側に5メートルほどの高さに横1列5枚並んでいた。
1枚が縦横1・2メートルで、厚さ6・8ミリメートルの網入りガラスである。

6　破壊

北野水槽隊は、羊ヶ丘通の双口消火栓に部署した。
第1線のホースを東月寒水槽車に延ばし補給した。（水を送った）
そこから第2線を東面の窓下に延長した。

東月寒水槽車から二連はしごを借りて窓にかけた。

ベテランの萬屋副隊長が上がった。

「萬屋さん、どうだい？」所長の村岡が聞いた。

「中は、かなり熱いと思う」

網入りガラスにヒビが入っていた。

ガラスに触れるとかなりの熱さを感じ、グローブを履いたままでも熱かった。

萬屋が手トビをケースから出そうとしていたところ、

「待て、待て」

「今、西岡が来るので、それまで待て！」

西田は、筒先1本では効かないだろうと判断した。

萬屋は、はしごの上で西岡水槽隊の準備を待っていたが、すぐにできそうにないので、少しだけ割ってみることにした。

ヒビが入った窓ガラスの角を手トビでほじると、簡単に割れ目ができた。

すると、勢いよく熱風と煙が出てきた。

「おーっ！」

これ以上はまずいと思い西岡水槽隊の準備を待った。

北野水槽隊と同じ消火栓に部署した西岡水槽隊がホースを延ばしてくると、西田が手招きした。

「東側だ、こっちへ延ばせ！」

「北野と一緒にあの窓からやってくれ！」

筒先の準備ができてから、同時にな！」

西田は、北野水槽隊の萬屋がガラス越しでも内部がかなり熱くなっていると言っていたので「やはりこの付近が火点だ」と確信し、もう1口配備すれば叩けると判断したのだ。

また、北野出張所長に東側の方面指揮を指定するとともに、窓を破壊する前に必ず指揮本部に一報するよう指示して北側に回った。

北野出張所長が指揮本部に無線連絡すると、指揮本部から危険情報が流れた。

「指揮本部から活動各隊、東側開口部破壊中、空気の流入に注意し活動にあたれ！」

23時27分頃であった。

命令を受けた西岡水槽隊長の坂下は、北野水槽隊が5箇所ある窓の左側に架梯（はしごをかける）していたので、一番右側に架梯するよう指示した。

「藤川、上がれ！」

「中はどうだ？」

「煙で何も見えません！」

「よし、合図するまで待てよ」

「了解」

藤川は北野出張所の所属であるが、西岡出張所に代勤だった。

隊長の坂下は、藤川が採用直後に豊平消防署での研修で指導にあたった教官であり、彼の成長に期待を寄せていて、あえて藤川を上げたのだ。

「よーし、いいか、北野もいいか？　1、2の3でやるぞ！」

「気をつけろ！」「1、2の3」

ところが、藤川のところの網入りガラスがなかなか壊れない。

何度か叩き小さな穴が空いたと思ったら、そこから勢いよく熱風と煙が出てきて目の前が見えなくなった。

「わっ——！」

「どうした、大丈夫か？」

「大丈夫です」

「焦るな、落ち着いてやれ！」

藤川は、以前、網入りガラスの破壊は簡単にいかないことを聞いていたが、やってみて初めて実感した。

なんとか開口部を広げていくと大量の煙が出てきた。

黄色味がかった茶色い煙だ。

下で見ていた坂下は、過去にウレタンが燃えたときと同じ煙に強い警戒心をもった。

ガラスが割れたところで藤川が下り、先輩の野尻が管そうを背負って上がった。

「野尻、どうだ、大丈夫か？」

「はい、なんとか、でも右の方へはできないです」

熱くて窓枠の高さに顔をもっていけないので、上に向けて注水するのがやっとだった。

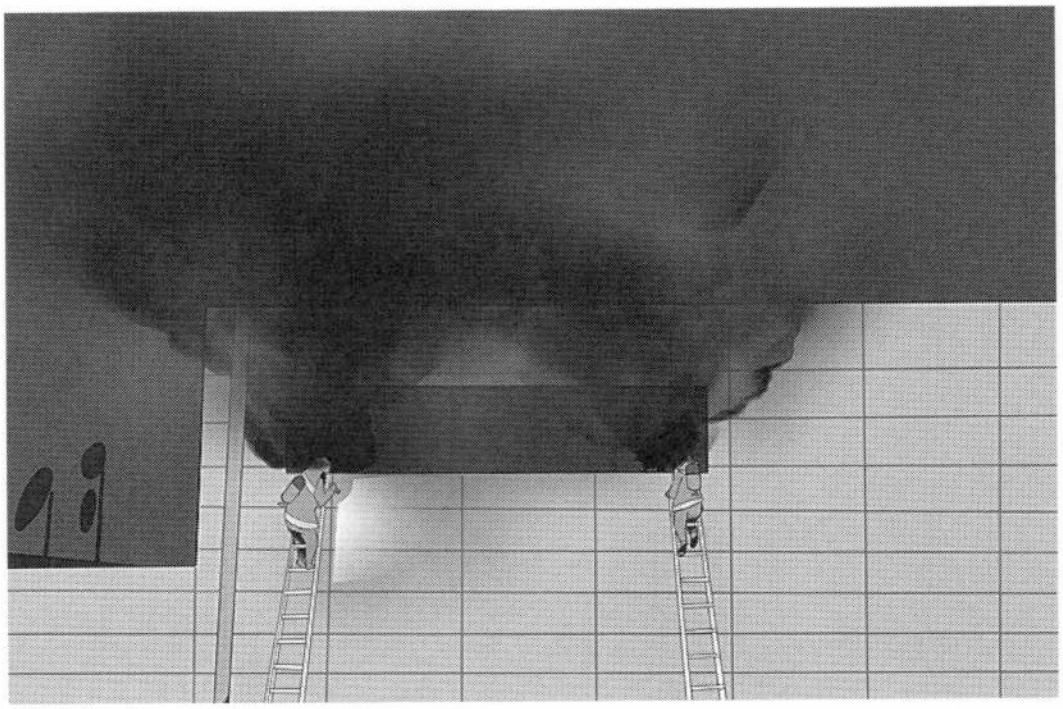

東面の窓ガラス破壊の状況

野尻は管そうを肩に乗せた。

藤川は、野尻の管そうの操作に合わせて地上でホースを上げ下げして補助した。

それでも、火点方向へは効いていない感じだった。

一方、北野水槽隊は萬屋副隊長がガラスを破り、加藤隊員が管そうを持って上がった。

加藤も煙と熱気に押され苦戦していた。

火は見えないが、角度を変えながらなんとか注水した。

加藤が何か言っている。

「どうした？」

萬屋が大声で聞くと、加藤が手を振った。

「無理するな！　よし、下りろ」

今度は萬屋が管そうを持って上がり、作業姿勢をとった。

作業姿勢とは片足をはしごの横さんにからめ、両手が自由に使える姿勢である。

萬屋は、カギロープで管そうをはしごに固定した。

カギロープとは、1メートルほどの麻ロープにS字の金具をつけたもので、ホースにロープを結着して、S字金具をはしごの横さんや窓枠などに引っ掛け、ホースが滑り落ちないようにする器具だ。

消防隊員は誰でも防火衣のポケットに入れている。

これも先人の知恵から生まれた優れたアイテムである。

萬屋が下りてきて、地上でホースを動かして注水方向を操作した。

「さすが、萬屋さん」

加藤は感心したが、それでも十分効いている感じではなかった。

7　火点確認

指揮本部長の西田が北側にまわると、東白石化学隊の内川隊長がいたので「2階に入ってくれ」と命令し正面に戻った。

すると、正面出入り口から堤が出てきたのだ。

「どうだ、火点分かったか？」

「分かった、火が見えた！」「２階の奥のほうだわ」

「そうか、清田の筒先で叩けるか？」

「大丈夫、叩ける」

「よし、頼むな！　こっちのほうも東側の窓から筒先２本入れるからな」

「挟む形になるぞ」

と告げ、現場指揮本部へ戻った。


東白石化学隊が1階から屋外に出ると、現場最高指揮者の西田から2階に入るよう命令を受けた。

屋外階段では救工隊が進入準備をしていた。

ホースを２階に上げたところで、隊員の息を整えた。

隊長の内川は隊員の残圧を確認し、ボンベ交換せずに入ることにした。
２、３メートルも進むと急に熱気を感じた。

「しゃがめ！　しゃがめ！」

加賀副隊長の指示で床に這いつくばった。

熱気が全然違った。

それでも煙で足元も見えない。

前方に隊員がいる気配はしたが、注水している感じはなかった。

少しすると、バタバタっと掻き分けるように隊員が出てきた。多分救工隊だろう。

「一旦出るぞ」

内川の指示で屋外に出た。

誰も警報が鳴っていないが、残圧を考えると先へは進めないと判断したのだ。

8　1回目のボンベ交換

清田水槽隊長の三浦は2階へ部署移動後、岡田のすぐ後ろでホースを押さえていた。階段を上がりきってすぐのところだ。

それほど熱くはなかったが、なんせ煙で周りが全く見えない。

「なんとかしなきゃダメだ」と思っていたところ、

「ピ――――――ッ！」

「おい、警報が鳴ってるぞ！」「岡、鳴ってるぞ！」

岡田が動こうとしないので、防火衣を引っ張り外へ出した。

三浦は、まだ自分の残圧があったが注意が必要と判断し一緒に出た。

「ダメじゃないか、警報がなったらすぐに出てこい！　分かったか！」

それを聞いていた救急隊長の神崎が、

「警報がなって、出てくる途中でなんかあったらどうするんだ！　残圧なんて僅かなんだ……

すぐに出てこないとダメだ！」

三浦の注意に輪をかけるように強い口調で叱ったのだ。

神崎は4月まで同じ救急隊にいた岡田がしばらく消防隊から離れていたことを知っていて、
三浦の注意を聞いて心配になったのだ。

「無理すんなよ！　まだ、かかりそうだし」

機関員の山口や救急隊員が声をかけた。
それは、岡田の負担を和らげようという思いが表れた言葉だった。
三浦は、中のことが気がかりですぐに戻った。
その後、いくらもたたないうちに堤もボンベ交換に来た。
「ピューッ」
「圧、よし」
空気ボンベのそく止弁を開いたときに鳴る音だ。
山口と救急隊の臼杵、宮下が二人のボンベを交換した。
堤と岡田は、空気呼吸器本体のハーネスを着けたまま、おり膝状態である。
防火衣から熱気が伝わる。
「無理するんでないよ」「気をつけて」３人は何度も声をかけた。
交換が終わると、二人はすぐにその場を離れた。

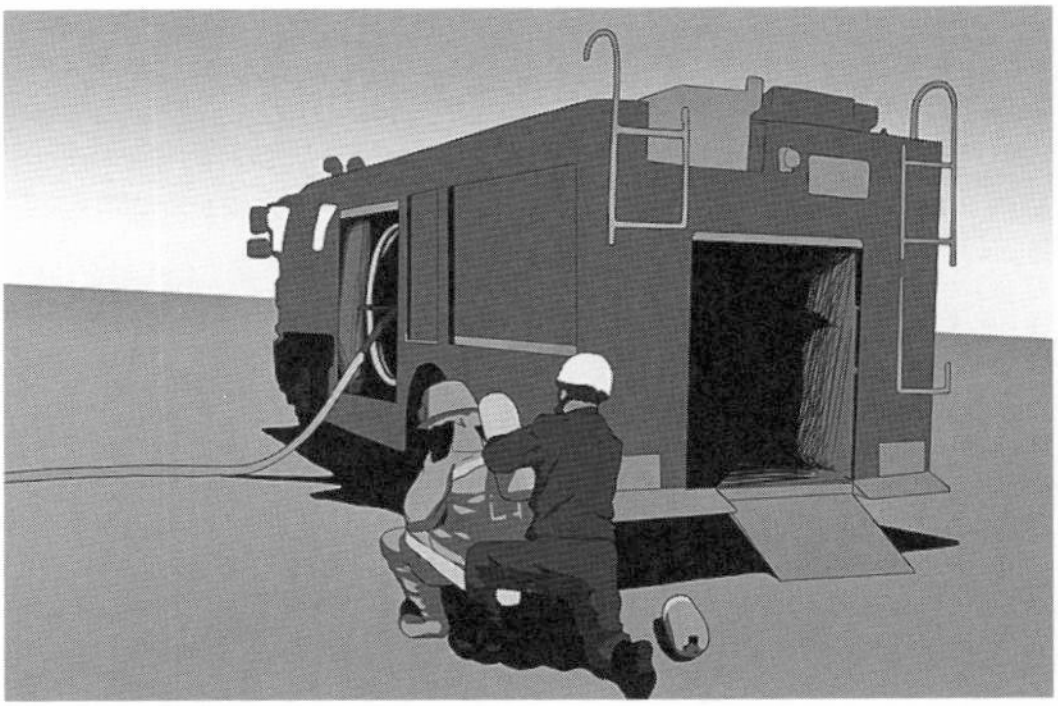

ボンベ交換の様子

救急隊の臼杵は、煙の中に消えていく二人の後ろ姿をじっと見守っていた。

三浦は2階へ行く前に1階の状況を確認しておこうと思った。

奥の方まで行ったが燃えている様子はない。

2階へ行こうとしたが階段の途中で警報が鳴ったので、そこで引き返した。

車両へ戻ったとき、二人はすでに交換を終え、そこにはいなかった。

二人とは会わなかったので、再進入してから1階を確認している間に行き違ったのだろうと思っていた。

指揮隊の成沢は所有者のサヤマから内部の情報を聞いていた。

「サヤマさん、さっき書いてもらった図面に、床の増築ってありますけど、床がないってことじゃないですよね？」

「2階が工事中なので、ひょっとしたら抜け落ちるかも……」

「えーっ！」

成沢はあわてて無線担当の川端に伝えた。

「指揮本部から札幌消防」

「所有者からの情報、２階は現在改装中、部分的に抜け落ちの危険あり、十分注意して活動にあたるよう指示願う。どうぞ」

「了解」

指令情報センターから出動各隊に危険情報として一斉通知された。

指令情報センターから危険情報や重要情報などを送る場合には、最初に「ピーッ、ピーッ、ピーッ」と通知トーンが流れるので、会話中や動いている場合でも気づきやすいのだ。

9　救工隊、火点確認できず

「救工、こっちから入るぞーっ！」

隊長の吉田は車両付近にいた隊員を大声で呼んだ。

吉田を先頭に戸田、五島、沢口の順で北側の２階から進入した。

熱気が強くて、なかなか足が進まない。

他の隊がいる気配はなく、注水している様子も感じなかった。

4、5メートル行ったところで、

「出ろーっ！」

吉田が叫んだ。

強烈な熱気に危険を感じたのだ。

出る途中どこかの隊員がいたが、4人は掻き分けるように出てきた。

このとき4人のヘルメットは保安用だった。

当時、救助工作隊は火災現場で防火用ヘルメットを使わない隊があった。また、中高層火災のときは防火衣の下衣を着用しない隊もある。しころ（顔面や頸部を保護するためヘルメットに付ける垂れ）付の防火用ヘルメットでは視界が悪い。下衣を履くと中高層火災では動きづらいといった理由があった。

隊員の装備や救助器具の高度化が進む救助工作隊や救急救命士が誕生してからの救急隊に対しては、専門性が高くなってきたことが影響してか、装備のことや訓練などはそれぞれの隊長に任せる上司が少なくなかった。

私が特別救助隊に所属していたときも保安用ヘルメットだった。防火衣の下衣は履いていなかったというか、当時は防火衣の下衣はなかった。

消防隊は膝上までの現場用長靴であったが、特別救助隊は救助衣に編み上げ長靴。

寒くなると水防用雨合羽の下衣を履いていたが、一人として危険だと言う者はいなかった。

そうした姿が各署の救助工作隊に広がっていき、当時もそうした流れでやっていたのである。


吉田は五島と沢口に防火用ヘルメットを持ってくるよう指示した。

ちょうどそのとき、指揮本部長の西田係長が来た。

「係長、こっちにも筒先入れなきゃダメだわ！」

吉田は西田に申し入れをした。

しかし、あたり一帯は煙に包まれていたことや、吉田も隊員への指示やヘルメット交換などで、バタバタしていた中で言ったことだった。

西田係長に伝わったかどうか確信がなく、どこかの隊がホースをまわしてくるのを待ってはいられなかった。

それと防火用ヘルメットに換えるので、今度は行けるだろうと考えていた。

再進入した。

1回目と同じくらい進んだところで、またもや熱気に阻まれ退出した。

吉田は現場指揮本部へ報告した。

「豊平５０６から指揮本部」

「指揮本部です、どうぞ」

「救工隊、北側2階から進入するも濃煙熱気で進入困難、火点確認できず……」

23時45頃だった。

10　壁が変色！

東側方面指揮者の村岡は、壁の異変を感じていた。

壁に接しているダクト付近から炎が出て、あたりの壁が白っぽくなってきたのが気がかりだった。

「萬屋司令補、部署移動だ！」「あそこ、壁から火が出た！」

北野水槽隊は、窓から壁の方へ部署移動した。

萬屋がはしごに上がり作業姿勢をとった。

大ハンマーで何度も叩くが、なかなか壊れない。

「萬屋さん、変わるかい？」

加藤が声をかけた。

聞こえていないのか、変わろうとしない。

何回叩いただろう、ようやく拳ぐらいの穴が空いた。

「管そう上げろ！」

穴に管そうを突っ込み注水した。窓からやっていたときより楽だ。

向きを変えながらやってはいるが、それでも効いている感じがしない。

「萬屋司令補、降りろ！」

「壁が赤い、膨らんできたぞ！」

ＡＬＣ板の合わせ目の隙間が広がり、そこから炎が出てきたのだ。

村岡は、分岐金具で上と下から同時にやるよう指示した。

第1ホース（先から1本目）と第2ホースの間に分岐金具をつけ、ホースを1本増やして、

1線はさっきと同じようにはしごに結着して、もう1線は地上から注水することにしたのだ。

11　2回目のボンベ交換

清田水槽隊長の三浦もボンベを交換し、ホースをたどった。

階段まで来ると、上でホースを引っ張っているのが分かった。

「おー、（火勢を）押してるんだな！」と思いながら手探ると、階段の最下段にカップリング（ホースの結合金具）があったので、そこを持って押し上げた。

4～5メートルは送った。

ホースをたどると並んでいるホースに「東月寒」の文字が見えた。

右は清田、左は東月（トンツキ）と頭に入れ、さらに進んだ。

「誰？　どこの隊だ？」

「東月寒です」

若い感じの隊員がいた。顔は見えないが、たぶん東月の野原だ。

その隊員の前に出ると、後ろにいたときよりかなり熱く感じた。

相変わらず手元も見えない。ライトの明かりだけが心強かった。

「岡田か？」

「はい」

堤の姿は見えないが、岡田の前で注水しているのは感じ取れた。

左手奥に炎が見えた。

最初に入ったときは燃えている感じはなかったが、少し離れた間に火勢が強くなっていたのだ。

「あっちだ、左側にかけろ！」

岡田の肩を叩き指示した。

岡田が堤に知らせたのだろう、左方向に注水が向けられた。


「ピ――――――――ッ！」

「誰だ？」

「岡田です」

岡田は警報が鳴ったのは自分であるとすぐに返事をした。

三浦はまた岡田と共に出た。

外に出てから「OK、OK」と、すぐ出てきたことにOKサインで示した。

三浦は車へは戻らず現場指揮本部へ向かった。

岡田は1回目と同じように車両のところで、機関員の山口と救急隊の宮下にボンベの交換を手伝ってもらっていると、間もなくして堤も来た。

宮下は二人の面体の汚れがひどいのでガーゼで拭いた。

こんなに汚れたのを見たのは初めてだった。

「無理すんじゃないよ」「気をつけろよ」

山口と宮下が何度か声をかけた。

12　具申

「係長、煙でどうもならんわ！　排煙口開けなきゃ！」

「結構時間も経ってるし、隊員も疲れてるし」

「ここに増強しなきゃ！」

三浦が指揮台の図面を指して、指揮本部長の西田に申し出たのである。

すると、

「東側の窓から注水しているけど効かないって言うんで、今な、壁に穴を空けてるのさ」

「何人かまわせると思うわ、少し待ってくれ！」

西田は、建物は大きいが内在品がないので、これ以上の拡大はないだろうと読んでいた。

少し時間はかかるだろうが、堤が「清田の筒先で叩ける」と言っていたので、ボンベ交換して交代しながらやれば今の筒先で足りると判断していた。

これくらいの現場では増援の必要もないと。

今の筒先とは、２階内部から清田と東月寒の２口。東白石にも2階に入るよう命令したので内部は３口。東の窓か

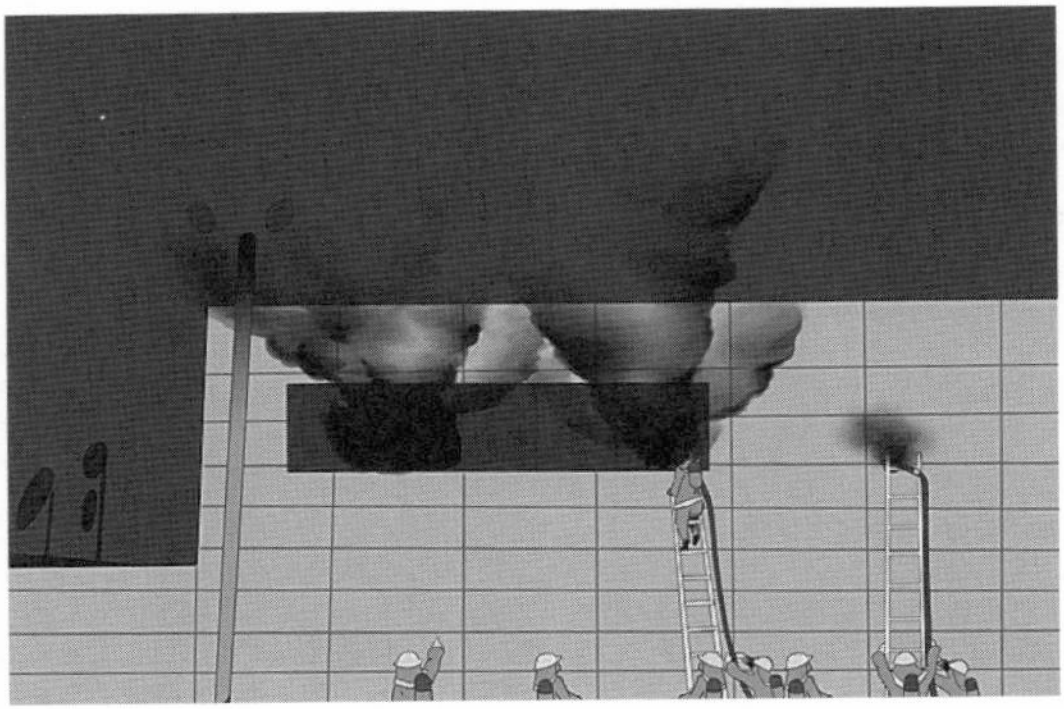

東面の壁を破壊した注水の状況

らは西岡、壁からは北野、計5口である。

のちに、北野が1口増加し、救工隊も清田水槽車から第2線を延長して、7口となる。

三浦は西田から活動方針を聞き、その足で東側を見に行った。

「あー、空いてるな」

窓が2箇所破壊され、1隊は窓から注水し、もう1隊ははしごに管そうを結着して壁の穴から注水していた。

地上には注水を見守るように数人がいた。彼らが交代してくれるのだと納得し、ボンベ交換に向かった。

車両のところへ行くと、堤も岡田もいなかった。

「堤士長交換に来たかい？」と機関員の山口に聞くと、

「あー来た、来た」

三浦は安心した。

岡田とは2回とも一緒に出てきたが、堤とは内部での接触以外、外では顔を合わせていないので気になっていたのだ。

交換して（中に）向かったことが確認できたのでホッとしたのである。

13　堤さん待って

救工隊は先が見えない活動に不安と焦りが交錯し、隊員の間には嫌な空気が流れていた。

隊長の吉田は自分に焦りがあることを感じていた。

「このままではダメだ」

「ホースを延ばせ！　それと、ボンベ交換だ！」

吉田は指示を飛ばした。

ちょうどそのとき、屋外階段に向かう二人の消防隊員が目に入った。

「あっ、堤さん、待って！」

「おー、」

吉田はホース延長とボンベ交換にはやや時間がかかるだろうから、その間に堤と一緒に進入して内部を確認してお

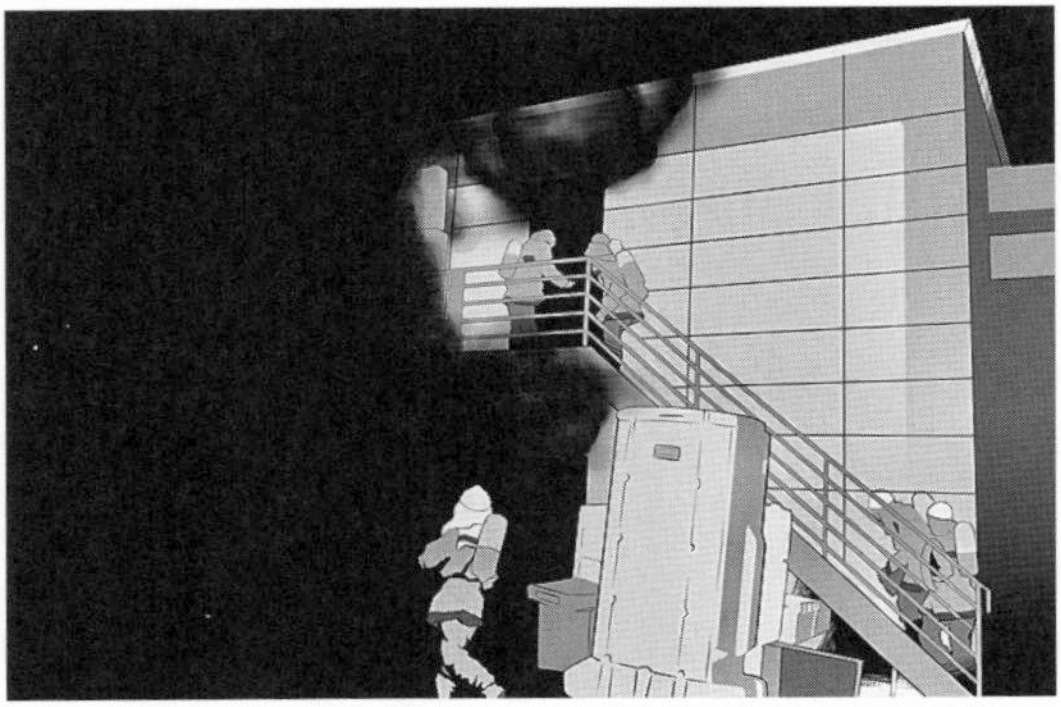

北面の開口部から黒煙噴出の状況

こうと思い、声をかけたのだ。

堤さんとなら安心だ。

ところが、隊員への指示などで少し目が離れた間に二人の姿はなかった。

救工隊機関員の徳山も「なんか元気になったな、行くぞ」と言っている堤を、また、副隊長の戸田も「よし、入るぞ」と屋外階段で隊員に声をかけていた堤とすれちがったが、二人とも堤やもう一人の隊員と会話することはなかった。


煙を抜けば熱気も下がる。そうすれば消防隊の活動が楽になる。

吉田も戸田も同じことを考えていた。

これまで火点検索を最優先に何度か進入した。

火点は2階の奥の方だということは分かった。

たぶん、堤さん（消防隊）も分かっているんだ。声をかけた堤を見てそう感じたのだ。

吉田は活動方針を切り替えた。

「排煙だ！」

消防隊のために、なんとか排煙しなければ……

屋根に目がいったが、すぐに無理だと判断した。

トタン屋根であれば簡単に破壊できるが、ここは無理だ。やっても時間がかかる。

２階の大きなガラス窓。

でも、あれを壊すには上の判断がいるし、中の活動を統制しなければならない。

ひと昔であれば、躊躇なく破壊していただろう。

札幌消防の伝統的な消火戦術として、屋根や窓を破壊して煙と熱を押し出しながら内部に進んで、早期に制圧するというやり方がある。

煙が抜けないときは、ほとんどそうしたやり方をしていたが、平成になった頃から被害の軽減を重視するようになり、破壊を最小限に抑えた活動に変わってきたのである。

指揮本部長の西田も、窓ガラスの破壊については選択肢にあったが、内在品の状況や隣接建物への延焼拡大危険がないので、あの大きなガラスは破壊しないでやれると判断したのだ。

清田水槽隊の三浦が排煙を申し出たときも、２階の大きなガラスの破壊は必要ないと考えていた。

「残るは、北面の窓だ」空調設備の室外機に隠れた窓がある。

ここを叩けば効果があると考えた。

しかし、室外機と窓の間はとても人が入り込む隙間はない。室外機は何台も並んで設置されている。

吉田は室外機と室外機の隙間から下に潜り込み、そこから破壊を試みた。

狭い隙間の中では思うように動けない。

それでも体をねじりながら破壊できる姿勢をつくろうとしていたそのとき、中で何かが破裂する音が2度、３度。

上を見上げるとガラス一面が真っ赤に見えた。

「やばい！」

出ようとしたとき、

「隊長、しゃがめー！」と同時に水を浴びた。

ガラスが割れた。

援護注水を受けながらなんとか脱出した。

このとき、吉田は「中の状況が変わったな」と感じたのだった。

14　バックドラフトに注意

調査隊の北山隊長は到着して間もなく、これまで見たことのない黄色の煙を見た。

「うっ！」

一瞬、言葉に詰まった。

北面の2階出入り口全体から黄色味がかった煙が噴き出てきた。

その後、東面に回ると消防隊が壁に穴を開け注水していた。ところが、その壁がだんだんと変色して膨らんできたのである。

北山は現場指揮本部に走った。

「東面の壁に亀裂が入って壁の色も変わってきたぞ、無線で流した方がいいんじゃないか」

指揮本部で情報担当する成沢に告げた。すると成沢が、

「それ、札幌消防から流してもらいます」

ところが、無線担当の川端は無線交信中でなかなか手が空かない。

「よし、こっちから送る」

北山は自分の携帯無線機を情報チャンネルに切り替え、指令情報センターへ連絡した。災害現場では、活動部隊が使用する指揮波とは別に、出動途中の隊の誘導や情報連絡に使用するチャンネルを情報波として使い分けているのだ。


指令情報センターに緊張が走った。

「2階に抜け落ちの危険あり」

「濃煙熱気で進入困難、火点確認できず」

課長の水沢は時間が経つにつれ嫌な空気を感じていた。

そうしたところに「壁が変色し危険あり」と送られてきたのである。しかも火災調査員から。

「ピーッ、ピーッ、ピーッ、札幌消防から出動各隊、火災調査員からの情報。北面、東面の壁体が赤く変色。開口部の破壊、内部進入にあってはバックドラフト等に十分注意し活動せよ！」

指令課長の指示で警戒情報が送られた。0時02分頃だった。

15　岡田が……

東月寒水槽隊の野原はひとりで援護注水していた。

砂山から筒先を代わってからも、すぐ前に清田の隊員がいたので不安はなかった。熱く感じると、時折自分にも水をかけながら注水した。

補助のときは「かけて欲しい」とは言えず我慢していたので、気持ちに余裕さえ感じていた。

砂山がボンベ交換を終え、北面の屋外階段へ向かった。

この頃になると、各隊は屋外階段から直接行けると分かっていた。

中に入ってから、途中で何人かの気配を感じたが、どこの誰かは分からない。

奥に進むにつれ、最初に入ったときよりも熱気が強くなっていた。

ライトを照らしながら自隊のホースを探し、ようやく筒先にたどり着いた。

野原が頑張っていた。

「大丈夫か?」

「はい」

「壁を触ってみろ」と野原の手を持ち壁に触らせた。

「熱いだろう」

「はい」

砂山は左側の火勢がだんだんこっちへ迫ってくるのを感じていた。

「壊すぞ！」と手トビで何度か叩いたが壊れなかった。

そうこうしていると、「ピ――――――ッ！」

野原の警報が鳴った。


野原が退出し、砂山は清田水槽隊の方向に注水を継続した。

何かが破裂する音がした。

カセットボンベか電球が破裂したのか？

注水の音、破壊の音、人が動く音、誰かの声。

さっきまでは、いつもの感覚があった。

ところが、急に異様な静けさを感じた。

周りには誰もいないのか？

孤立したかのようだ。

注水を止めた。

シ――ンと静まり返っている。

妙な感じだ。

誰も、なんの応答もない。

「清田！」「おーい、清田！」

ライトを照らし周囲を見渡した。

自分はどっちを向いているんだ？

ホースラインを確認した。

手探りしながらライトを照らすと、

「えっ！　長靴、銀色？」

触っていくと、隊員が倒れているとすぐに分かった。転がっているヘルメットを掴んだ。

「OKADA」の文字

「岡田か？」「おかーっ！」

動かない。

なんとか、引っ張り出さねば！
体をまたいで腰を持ち上げた。
「ピ――――――――ッ！」
警報が鳴った！
それでも引き出そうとしたが、ロープか何かが引っかかって身動きできない。
動かない、出せない。
息苦しい！
たまらず面体をずらした。
また試みたが、どうしても引っかかる。
息苦しい、また面体をずらした。
このままでは自分も倒れる。
砂山は一旦動きを止めた。
「冷静にならないとダメだ、冷静になれ」と言い聞かせた。
邪魔しているのはロープだ。
２本あった。

呼吸器が引っかからないように姿勢を低くしてロープをかわし、なんとか出ることができた。

そこへ、野原が戻ってきた。

「砂山さん、どうしたんですか？」

「野原か、とりあえず出ろ！」

「ピ――――――ッ！」警報は鳴りっぱなしだ。

野原一人では無理だ、救出には人手が必要だ、救工隊じゃないと無理だと考えた。

野原を押し出すように階段へ向かった。

途中で面体が顔に吸いついた。

もうエアーがこない。

ついに、面体を外した。

力を振り絞り、からくも外に出た。

清田水槽隊の三浦は、ボンベを交換しようとしたが、車両には予備のボンベがなかった。

機関員の山口が、予備ボンベの集結場所から1本持ってきて交換を手伝った。

「山さん、ありがとう」

「もう少し、休んでいったら？」

「いや、大丈夫」

交換を終え、正面から入ろうとした。

そのとき、東月寒の砂山と野原が出てきた。

砂山の様子がおかしい。

すかさず救工隊の徳山が駆け寄ると、砂山の目は真っ赤に充血していた。

「どうしたの？」「砂山さん、大丈夫？」

すると、弱々しく声を震わせた。

「岡が、ゴホッ、岡田が……ゴホホッ」

「なに、岡田がどうしたの？」

そばにいた、三浦や高山警防課長らも駆け寄った。

「岡が、……」

「えっ、なんだって!?」

「岡田が、倒れてる……」

「な、なんで一人で出てきた！　どうして助けてこないんだ！」

高山は声を震わせながら怒鳴った。

「やりました、何度も、そしたら、自分の空気も無くなって、……」

息苦しく、かすれた声をふり絞ると、砂山は腰が砕けたようにしゃがみ込んだ。

鼻も口も煤で真っ黒だ。

現場指揮本部には、警防課長の高山が到着して指揮権を西田から高山に移行して間もなかった。

高山は「燃えている」という情報で駆けつけたのだ。

到着して周囲を一巡後、西田から「改装中で内在品は1箇所に集められ、燃えるものがない。東側と北側から入って挟むかたちでやっている。少し時間はかかっているが、交代しながらやるように指示した」と報告を受けたばかりであった。

その矢先に「隊員が中で倒れている」と聞かされた。

無理もない。

16　救工、入れ！

「えっ、どうして!?」

岡田と堤は入ってからそんなに時間が経ってないはずだ。

「どうして？」

「何があったんだ？」

三浦は状況の整理がつかなかった。

「救工！　救工隊いるか！」

指揮本部長の高山は声を上げた。北側で活動していた救工隊が走ってきた。

「中で、岡田が倒れた」

「救出に向かえ！」

「すぐ行ってくれ！」

「一人で入るな！　二人で入れ！」

救工隊の戸田と五島が水をかぶった。

「岡田さーん！　岡田さーん！」

徳山が出入り口でありったけの声で何度も叫んだ。現場の空気が一変し、騒然となった。

東月寒の野原が隙を突くように走った。

野原は、場所が分かっていた。

2階の出入口に着くと、さっきの場所をイメージして真っ直ぐ進んだ。

自分が置いてきた管そうを拾い、注水しながら進んだ。

「熱い！」

手探りでロープをかわし入り込むと岡田がいた。

うつ伏せになっている。

引っ張り出そうと体を持ったところに清田の三浦が来た。

三浦は、空気呼吸器の保護枠を掴んで引っ張ったがロープに引っかかった。

2、3度引っ張っているところに救工隊の戸田と五島が、少し遅れて吉田が来た。

そのあとは、誰がどこを持ったとかよく分からない。

屋外ではストレッチャーが待機していた。

「おかーっ！　おかーっ！」

ストレッチャーに乗せられた岡田に救急隊長の神崎が大声で呼びかけた。

周りにいた者も呼びかけた。何度も、何度も。

神崎は、ボンベ交換のときに心配していたことがまさかこんな事態になるとは、とても受け入ることはできなかった。

岡田の顔は汚れもなく、ただ気を失っているかのように見えた。

周りにいた者は一様に「大丈夫、大丈夫」と自分に言い聞かせるように見守った。

岡田を乗せたストレッチャーは救急車へ急いだ。

指揮隊の成沢が現場指揮本部に走った。

0時05分頃だった。

砂山がふらついた足取りで消防車に向かってきた。

防火衣からは湯気だろうか、白い煙がもうもうと上がっていた。

機関員の向田はびっくりして迎えに行った。防火衣はかなりの熱がこもっていた。

「大丈夫ですか？　砂山さん、砂山さん」

「頭が痛い……」

防火衣を脱がすと力尽きたかのように崩れ落ちた。

「岡田が、岡田が倒れてる」

うわ言のようにかすれた声で何度も繰り返していた。

岡田とは、東月寒出張所に来る前まで清田出張所で同じ勤務番だった。その岡田を助け出してやれなかったことへの悔しさと情けなさが込み上げていた。

岡田を乗せた清田救急隊は、三次医療機関がある市の中心部へ向け搬送を開始した。

途中、救急救命士が乗車している西岡救急隊とドッキングし、神崎も同乗した。

さらに、医師を搬送してきた中央救急隊とドッキングし、札幌医科大学附属病院の高度救命救急センターへ向かった。

17　堤がいない

岡田がストレッチャーで運ばれると、そこにいた者は一時呆然と固まり悲壮感が漂った。

機関員の山口が三浦に尋ねるように言った。

「ところで、堤はどうした？」

皆が一瞬、見渡した。

「いない！」「いない！」「堤さんは？」「修、いないぞ！」

三浦は青ざめた。

「隊長ーっ！、ダメだ、素面じゃダメだ！」

面体を付けないで入ろうとした三浦を山口が取り押さえた。

「ダメだ！　お前は入るな！」

指揮本部長の高山が命じた。

「救工、救工入れ！」

「そうだ、救工だ」周りにいた者が口を揃えた。

「課長！　救工隊の増援お願いします」

吉田は救出に向かうのは自分たちであると腹に決めていたが、あの濃煙熱気が不安を掻き立てた。

指揮本部長の高山は救助工作隊に堤の検索を命令すると共に、救助工作隊と消防隊の増援を要請した。

それと、清田水槽隊と東月寒水槽隊の活動を禁じた。

「堤さん？　堤さん？　堤さん聞こえますか？」

深夜の夜空にスピーカーが響いた。

川端が指揮車のマイクで呼びかけた。清田水槽車からも呼びかけている。

最初のうちは「ひょっこり出てくるんじゃないか」と言い聞かせていた隊員たちに次第に不安が募り喧騒な現場へと化していった。

「ボンベ交換しろ！」「全部だ！」「入る者全員だ！」

「無線はダメだ、電話にしろ！」

「急げ！」

指示が怒号となり、隊員たちは動揺しだした。

吉田は隊員を集め救出準備にかかった。

「いいか、あの堤さんがこうなっている現場だ、お前たち、絶対無理するな！」

吉田は堤とは特別救助隊と東署の救助工作隊でも同じ釜の飯を食った仲だ。堤のことは十分知っている。その堤を助けに行くことに不安と動揺がないわけがない。

五島と沢口も緊張している。ボンベを交換する手が落ち着かない。

吉田は隊員の動揺を感じていた。

自分も平常ではないが、「しっかりしなくてはダメだ」と何度も言い聞かせた。

北側の階段を上がり、進入準備をしていると何かの爆圧音が聞こえた。

隊員の緊張が一気に高まった。

五島と沢口は互いの確保ロープをつないだ。

「行くぞ！」

副隊長の戸田を先頭に2階の出入り口から入った。

熱気と煙がさらに強くなっている感じがした。ホースをたどるとロープの場所に来た。

「ロープがあるぞ」

「了解、ロープあり」「ロープあり」順に後ろへ伝えた。

ロープを潜るとヘルメットがあった。

「多分このあたりにいるかもしれない」

「堤さん！」「堤さん！」

青い管そうから水が出ていた。清田の管そうだ。

熱気が強い。

五島が管そうを拾い水膜をつくろうと上に向け注水すると、熱湯になって降ってきた。

隊員同士手をつなぎ片手を広げ検索範囲を広げた。

見つからない。

「堤さん！」「堤さん！」

なんの応答も、動きも感じない。

「出ろーっ！」

吉田は、これ以上は危険と判断し退出した。

豊平消防署長の畑中が到着していた。

「どうだ、いないのか？」

「岡田がいたあたりを探しましたが……なんせ熱くて」

吉田は危険を感じ、一旦出てきたと報告した。

畑中は吉田の報告を受け、排煙して熱気を抜いた方がよいと考えた。

2階の大きなガラスの破壊について、指揮本部長の高山とちょっとした押し問答があったが一刻の猶予もない状況である。援護注水を増やし、再検索を急ぐことにした。

救工隊はボンベ交換を急ぐ一方で、再進入への不安を感じていた。

「いいか、危険を感じたらすぐに言え、絶対無理するな！」

吉田は隊員の気持ちを察していた。

ボンベ交換を終えた救工隊を東白石化学隊が援護した。

吉田は、沢口に出入口でライトを照らして安全管理するよう指示し、吉田、戸田、五島が進入した。

屋内階段のあたりで管そうを拾った。東月寒のだ。

まっすぐ進むとガラスドアに行きあたり、戸田がドアを少し開けた。

「熱気が違う、我慢できない熱さではない」

「五島、ホースを引っ張れ！」

「これ以上きません」

「よし、俺が引っ張ってくる」吉田が戻った。

戸田と五島は少し待ったが、ホースに動きがないので付近を検索することにした。

二人は手をつなぎドアの前へ進んだ。

床に鉄筋が組まれて歩きづらい。足が挟まりそうになる。

ドアから5メートルは進んだろうか、
そのとき、

「おい、しころだ！」

「ヘルメットもあるぞ！」

さらに進むと防火衣に触った。

「いたぞー！」「発見！」「発見した！」

五島が叫んだ。

壁の隅で窓ガラスに向かって正座して伏せていた。

バタバタっと入ってきた。

吉田が、東白石の江島が、北野の加藤も来た。

「堤さん！」「分かるかい！」「堤さん！」

何度も呼びかけ体を揺するも応答がない。

「なんで!?」「堤さん、なんで!?」

加藤には救工隊員が叫び崩れているかのように見えた。

「おい、すぐに出すぞ！」加藤が声をかけた。

空気呼吸器を外し、堤を抱え屋外階段から救出した。

「堤さん！」「堤さん！」「修――――！」

呼びかけるも反応する気配はなかった。

0時49分頃だった。

現場には、中央救急隊が搬送した札医大高度救命救急センターの医師が待機していた。

医師による救命処置が行われ、救急救命士が同乗する豊平救急隊によって市立札幌病院救命救急センターに向かった。

18　辛く悲しい現実

救工隊には活動を継続する気力はなかった。

吉田は隊員を休ませたが、引揚げずに現場で待機した。

清田と東月寒も活動はできない。増援の部隊に引継いだ。

現場指揮にあたった西田と救出に直接関わった砂山、三浦、戸田が消防局へ報告に向かった。

戸田は増援出動した厚別救工隊の有我隊長に「あと頼む」と視線を送った。

有我も「分かった、あとは任せろ」と目で応えたのだった。


署長の畑中は病院へ急いだ。

畑中は「職員が負傷したようだ」との知らせで駆けつけたのだ。

「大きな怪我でなければ……」と願いつつ車を飛ばしてきた。
まさかこうした事態が待ち受けていたとは。
畑中は4月に着任したばかりであった。
堤も岡田も、数年前に東苗穂出張所で一緒だったのだ。二人のことはよく知っている。
それゆえに張り裂ける思いが湧き出た。
ただただ祈るだけだった。

救助工作隊と消防隊が増援され、消火活動が継続された。
5月9日　2時22分　鎮火した。
全隊に引揚げが命令された。
活動が終わるのを待っていたかのように雨が降ってきた。
豊平救助工作隊の車内には暗く重苦しい空気が漂った。
「涙雨か、……」

吉田がつぶやいた。

歯を喰いしばるが、涙が止まらない。

隊長を横目で見ながらハンドルを握る徳山の目にも涙が溢れた。

背中から隊員のすすり泣く声が止まらない。

深夜遅く、全消防署所に放送が流れた。

「職員の死亡についてお知らせします。………」

辛く悲しい現実を知らされた瞬間であった。

第3章 検証

立ちはだかった濃煙熱気

家電製品やウレタンの燃焼によって濃煙熱気が発生し、さらに出火場所が奥まっていたことが消火活動を困難にしたが、その煙や熱などが消火活動にどのように影響したのかを探る。

1　延焼拡大

出火場所の商品庫には段ボール箱に入った家電製品が高く積み上げられていた。

その段ボールなど燃えやすいものが一挙に燃えたことによって酸素が消費され、次第に燃焼が緩慢になっていった。

消防隊が到着した頃はそうした状態であったが、出入口の開放や窓を破壊したことにより、今度は酸素が供給され燃焼が促進されていった。

早い時点で出火室へ効果的な注水ができなかったことも影響した。

その後、天井がない商品庫の上方へと燃え広がり、外壁の内側や屋根裏に吹き付けられている発泡ウレタンや木毛セメント板へと延焼拡大していったのである。

一方、東面の窓から注水していたときに、横の壁体に亀裂が入り、炎が出てきたので、その壁に穴を空け商品庫内へ注水した。

ところが、その水滴が段ボール内や床に溶けて溜まったプラスチックにかかって水蒸気爆発が起き、瞬間的に可燃物を撒き散らして※ファイヤーボールを発生させた可能性が高いと考えられる。

これによって、生じた熱気や火炎が2階の商品庫の壁や休憩室へ延焼するとともに、屋根裏の発泡ウレタンの急激な燃焼を引き起こした可能性があった。

東側の方面指揮者は、消防隊が壁の穴から注水していたときに「壁が赤い、膨らんできた」と知らせたが、こうした現象の影響であると考えられる。

※　ファイヤーボール

燃焼しているプラスチック等に注水した瞬間、かなり大きな火炎球が発生する。この火炎球は、高温燃焼面に当たった水の急激な蒸発が燃料を飛散させることによって生じるものと考えられている。

また、密閉されたガスや油が空気に触れ、一気に大きな丸い火の玉が発生する現象もファイヤーボールと呼んでいる。

2　延焼拡大の要素

建物構造から見ると、出火室の商品倉庫は床面を除いて未造作で、屋根裏への延焼拡大が容易であった。

また、出火室に窓がなく、その場所は奥まったところで消防隊が進入した廊下から離れていて、部屋を通って行くためには複数の間仕切りがあり、廊下に面したドアが施錠されていた。

消防隊は２階の廊下で注水するのがやっとで、そこからの注水では出火室方向にとどかず、十分な効果が得られなかった。

さらに、出火室の床と外壁との間に隙間があり、その床材が燃え抜けたことによって、空気の流通がよくなり燃焼

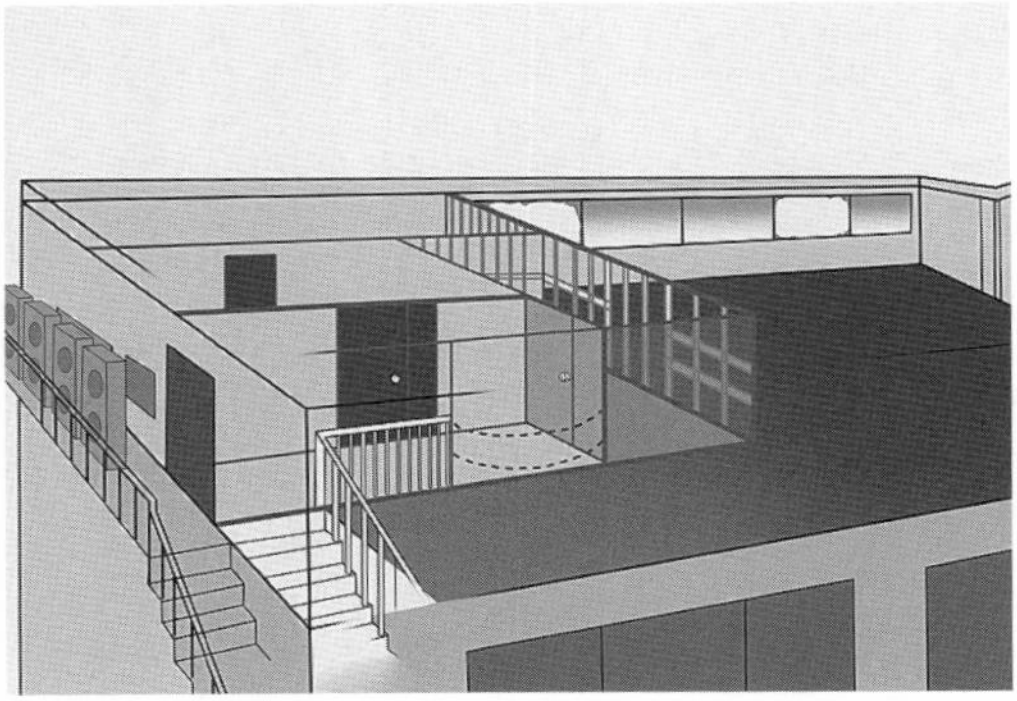

２階の間取りの概要

が促進され、屋根裏及び外壁の内面に吹き付けられている発泡ウレタンや木毛セメント板が焼損し、濃煙化した火勢が容易に拡大する状況になったことなどが考えられる。

収容物である。

出火室には、およそ５千キログラム近い家電製品が大小５００個余りの段ボール箱や発泡スチロールで梱包され、高く積み上げられていたことが延焼拡大の大きな媒介となった。また、家電製品には多くの※ＡＢＳ樹脂類を含んでおり、その燃焼によって急激に濃煙と高温になったと考えられる。

現場最高指揮者の西田は、建物は大きいが内在品は1階の仮設店舗に集められていて2階の火勢はこれ以上の延焼拡大はないだろうと読んでいたが、２階の商品庫には想像以上の可燃物があったのだ。

フラッシュオーバーやバックドラフトが発生したのか。

フラッシュオーバーは、ある程度の換気の供給下で発生し、急激な温度上昇を伴いながら室内全体に火炎が広がる現象であり、発生後、開口部から連続的な火炎の吹き出しを伴うことが多い。

ボンベを交換した東月寒の砂山が2度目に進入したとき、2階廊下の左側（商品庫方向）から火勢が迫ってきていると感じ、清田の三浦も2度目に進入したときに左側に炎を確認した。

この火災では大量の煙のためか火炎の目撃が少なく、唯一フラッシュオーバー的火炎を目撃したのは、救助工作隊の吉田が北面の窓を破壊しようと試みたとき、窓一面が真っ赤になったのを見て緊急避難したときであった。

廊下に面した事務室とその隣の休憩室は窓ガラスが熱破壊したことから、フラッシュオーバーが発生した可能性があると言ってよい。

バックドラフトについても同様に大量の煙のためか、火炎の吹き出すのを見たという者がいなかった。

バックドラフトが発生すると、フラッシュオーバーとは異なり爆発的燃焼を伴うため、発生後開口部から単発的な火炎の吹き出しを伴うことが多いし、室内全体を火炎が覆う現象が起きる。

したがって、フラッシュオーバーやバックドラフトが発生したかどうかについては明確ではないが、フラッシュオーバーは部分的に発生した可能性はある。

※　ABS樹脂
ABS樹脂は、アクリロニトリル（A）、ブタジエン（B）、スチレン（S）の頭文字をとって命名されたプラスチックである。耐衝撃性や加工性、硬度に優れ、着色や難燃化、繊維化も可能な樹脂で、OA機器、自動車部品、ゲーム機、建築材、電気製品など幅広く使用されている。煤を出して燃え、刺激性、腐食性があり、毒性ガスを発生する恐れがある。

3　煙

現場最高指揮者は「火点だ、火点を探せ」と命令しているように、消防隊側から見ると、燃焼実態が分かって、それに対して消火活動ができれば戦術は描きやすい。

端的に言えば、燃えているものが見え、容易に近づくことができれば消火活動は然して難しくないが、隊員の活動を最も困難にするものは、煙と熱である。

堤が最初のボンベ交換に出たときに、現場最高指揮者に「火点は2階の奥だ」と告げていることから、早い段階では、廊下の奥の視聴覚室まで行ったか、廊下の右側の増築部分を奥の方まで行って、左側に炎を確認したのではないかと推測される。

しかし、次第に煙と熱気が強くなり廊下の先まで容易に行ける状況ではなく、消防隊の進路を閉ざし、火点の商品庫へ注水することができなかったのである。

隊員たちは、黄色味がかった煙や茶色っぽい煙を見ている。

断熱材として使用されていた発泡ウレタンから出た黄色味がかった煙と、プラスチック類のＡＢＳ樹脂から出た黒煙が混じったものである。

火災における煙というと、不完全燃焼の結果にできる微粒子を含んだ空気の固まり。

簡単に言えば、人の目に見える粒子が煙ということである。

完全燃焼すると煙は出ないが、必ず燻焼といって炎をあげない燃え方が同時に起きるので、一酸化炭素とその他分解性質のまま放出されるものがある。

それが危険を及ぼす煙の正体である。

発泡ウレタンからは、白から黄色味が加わった煙が発生し、プラスチック類のＡＢＳ樹脂からは大量の黒煙が発生した。

火災現場で煙が出ることは驚くことではないが、その煙が排出される以上に建物内に蓄積されていったことが内部の環境を危険な状態にしていったのである。

出火建物の規模や燃えた発泡ウレタン、プラスチック類の量から割り出すと、発生したシアン化水素濃度は１、６００ppm（０・１６％）に及んだ。

発泡ウレタンとプラスチックから出た煙には猛毒な青酸ガスを含んでいるのだ。

空気呼吸器を使用しているので綺麗な空気を吸っているとはいえ、皮膚からも吸収され、時間経過とともに危険な状態になる環境であった。

また、視界が閉ざされ周囲が見えないので、恐怖感が湧き行動範囲が狭くなり消火活動を一層困難にさせたのだ。

発泡ウレタンが燃えた火災は何度か経験があるが、いずれも煙にてこずった印象が残っている。

平成3年（１９９１年）９月札幌市東区でのパチンコ店新築工事現場火災

平成17年（２００５年）８月札幌市中央区での立体駐車場の新築工事現場火災

どちらも付近一帯に煙が充満した。

特に、中央区の火災はJR札幌駅が近く、煙による二次的被害の影響も大きかった。

古くは、昭和61年（１９８６年）11月に、江別市野幌の大学新築工事現場の火災において、工事関係者2名が死亡、９名が負傷する惨事が発生している。

いずれも工事作業中に発泡ウレタンに着火し、瞬く間に延焼拡大して大量の有毒ガスを含んだ煙がそこにいた人を襲い、消防活動を困難にさせたのである。

4　熱

問題は熱気である。

出火室の温度はアルミが溶融していることから６００度以上になったことが想像できる。そこに注水したことによって急激に９００度まで温度が上昇したと考えられる。

このことは実験が証明している。

消防隊員が消火活動にあたった場所は、何度も出入りを繰り返して、長い時間同じ場所にいることができたことから50度以下と推定される。ただし、注水により湿度は80％以上になっており、姿勢が高くなるほど強い熱気を感じる状態であった。

　また、２階の増築部分は天上材の石膏ボード板が火熱により砕けて剥離落下し、屋根裏の発泡ウレタンも完全焼失していることから、かなりの温度（６００〜７００度、それ以上）に達したものと思われ、その時点では床面の高さでも高温状態になったと推定される。

　人間は、湿度が低くければ、50度なら数時間、１３０度で15分、２５０度でも5分は耐えられるというが、空気中に水分が多い場合は発汗が抑えられ、飽和水蒸気では50度でも数分程度しか耐えられないとされている。

　高温多湿の状況では、汗が蒸発しづらくなり体温調節ができなくなって動けなくなるのである。

　防火用ヘルメットには〝しころ〟と言ってヘルメットのつばの下に頸部を守る〝たれ〟がついているが、それでも高温になると頸部や耳に痛みを感じ、行動を継続することができなくなるのである。

　救助工作隊が保安用ヘルメットで進入したところ直ぐに退避した。これは頸部が露出していたので、痛いほどの熱さを感じたのである。

　堤の検索に入ったときは、防火衣の上下と防火用ヘルメットを着用し完全装備であったが、それでも熱さに我慢できず空気呼吸器の警報が鳴る前に退出していることから、その時点でもかなりの高温状態であったことが分かる。

また、天上に向けた注水が湿度を上げ、強い熱気を感じさせたのである。

なお、堤が救出されたのちに増援隊が加わり消火活動が継続され、そのときになって西面2階の大きなガラスを破壊した。これによって煙と熱は一挙に排出されたのであった。

5　酸欠

濃煙熱気は酸素にも影響することを忘れてはならない。

大量に積み上げられた段ボールや発泡ウレタンなどの燃えやすいものが一挙に燃焼し酸素が消費されたことは、エンジンを用いる機械器具にも影響を及ぼした。

救助工作隊が持ち込んだ携帯発電機が停止したことを見ると、1階の床面の高さでも酸素濃度が低下していたと思われる。

ススキノの飲食店ビル火災で同じような経験をした。

1階廊下の突き当たりに階段があって、2階に上がると燃えているのが見えた。燃えているうちはライトが必要とは感じなかったが、火炎を叩くと真っ暗になり急に不安が襲ってきた。

スーパーワットを1階の廊下に置き、そこからコードを延ばして明かりの中で活動していたが突然ライトが消えた。

差し込みが緩んだのだろうと思い、コードをスーパーワットの取手に軽く巻きつけ、プラグが抜けないようにしてスタータープを引くとエンジンがかかった。

ところが、またライトが消えた。

今度は、以前先輩から「長時間使用するとガソリンの落ちが悪くなって止まることがある。そのときは燃料タンクのふたを開けるとよい」と聞いたことがあり、「それだ！」と思った。かからない。

いろいろやっているうちに「酸欠？」

スーパーワットを外に出したところ、エンジンがかかった。

最初にエンジンが停止したときは隊員が出入りしていたので、空気の流れで酸素濃度が上がり、それでかかったのだろう。

先輩の教えにも根拠があるだろうが、昔はそうした話しがいくつかあった。

話を戻すと、一旦は燃焼が緩慢になったが、消防隊員の出入りや窓の破壊によって酸素が供給され燃焼が促進されていった。

加えて、発生した煙が効果的に排出されなかったので、2階内部は常に濃煙が充満し可燃性ガスを含んだ煙が圧力を増して上方に蓄積されていった。

そうしたところに屋根裏の発泡ウレタンや木毛セメント板が急激に燃焼し、酸素濃度は一気に低下したと推定される。

人体に及ぼす影響として「低酸素空気」現象がある。

燃焼により酸素が消費され、14%以下になると呼吸困難、10%以下では一瞬にして意識を喪失する危険があるのだ。

6　二人の身に何が起こったのか

消防隊員に立ちはだかった濃煙熱気の状況や、消防活動がどのようなものであったかが想像いただけたと思う。

火災特別調査委員会では様々な角度から事故に至った原因究明にあたったが、あの濃煙熱気の中で何が起きたのか？

堤副隊長は、一時的に見えた火点を再確認しようとしたのではないか。

岡田隊員は堤副隊長を援護注水していたのではないか。

そうしたときに、ファイヤーボールが発生し、その炎によってフラッシュオーバーが誘発され、天井材が落下するなど急激に濃煙熱気が床まで降り、その衝撃で転倒して退路を失った。

火災特別調査委員会が出した事故原因であるが、推察の域を出ない。

第4章　教訓

札幌消防は、この火災を教訓に指揮体制の強化をはじめ装備の充実など様々な面を見直し、警防体制の強化を図った。

特に、指揮体制の強化は部隊活動に直結し〝待ったなし〟の最優先課題であった。

現場活動における各級指揮者は、火勢の状況や部隊の活動状況を十分に把握するとともに、様々な情報を整理したうえで的確な判断により、適切な指示命令を下すことが求められる。

また、各隊の活動においても相互の連携を図るとともに、常に隊員を掌握し安全管理の徹底を期す必要があるが、当時の警防体制においてはこうした面において多くの課題が浮き彫りになった。

ここでは、そうした教訓をもとに取り組んだものを紹介する。

1　情報

現場活動で最も重要な要素は情報である。

その情報は、災害を覚知したところから始まり出動指令につながる。

現場で見たこと。関係者や居合わせた人から得た情報。あるいは事前に調査していた情報は、さまざまな形で現場活動に関わっていく。

指揮活動とはそうした情報を如何に入手して適時的確に部隊へ伝え、指揮者の意図を実現するために部隊を動かし組織の目的を達成する。

同時に、現場活動の安全を図ることにある。

美しが丘の火災では、現場最高指揮者は北側と東側から挟む形で火勢を制圧させようと考えた。

その活動方針は、一部の者へは伝えたが全隊への周知はどうであったか。

また、現場指揮本部は、

「2階床の抜け落ち危険」

「東側開口部破壊中、空気の流入に注意！」

「壁体が赤く変色、バックドラフト等に十分注意し活動せよ！」という危険情報を流した。

時に、こうした情報はとても重要であり、状況によっては活動中の隊を一旦退避させなければならない場面もある。

隊員の中にはこうした情報や隊員の非常事態についても、しばらくは知らなかったという者がいた。

突然「隊員が倒れている」と知らされたのだから相当な混乱があったとはいえ、その後の対応によっては事態をさらに悪化させることになる。

重要情報だからこそ徹底した周知が必要であり、そのためには部隊全体がしっかりした体制でなければ的確な対応が取れないのである。

後になって「こうした方がよかった」という反省は幾らでも出てくるが、重要な情報が届かなかったということが毎回反省されるものであってはならない。

2　部隊管理

情報と同様に「部隊管理」も重要な指揮活動である。

「どの隊に、どこで何をしてもらうのか」

「どの隊は、どこで何をしているのか」

出動した全ての隊（隊員）の行動については、しっかり掌握しなければならない。

とは言っても、現場最高指揮者が直接全てを管理することはできないので、方面指揮者や各隊長に委ねることになる。

東側の方面指揮者は、掌握する2隊がどちらも屋外での活動だったので、隊員の行動などは直接確認できたが、北側にあっては屋外で活動した隊と内部進入した隊。また、屋外階段を使用した隊員と正面から出入りした隊員がいて、方面指揮者一人ではとても掌握しきれなかった。

その方面指揮であるが、指定を受けた隊長が自隊を離れることになり、小隊としての戦力低下は免れない。

さらに、空気呼吸器のボンベ交換であるが、各隊は警報が鳴ると一人で出て交換に向かった。今ではそうした行為は考えられないが、当時はそうした交換方法はどこの隊でも行っていたことなので、然してダメなこととは考えてはいなかった。

濃煙内への出入りについては、いつ、誰が、どこから入ったのか、出たのか、という人に対する管理がされていなかったことを踏まえ、「進入管理」を徹底することとした。

3　安全管理

日本における安全対策の本格的取り組みは、昭和48年（１９７３年）に金属工業の企業が外国企業の視察をきっかけに「危険予知訓練（ＫＹＴ）」が生まれ、その後「ゼロ災運動（指差し呼称)」など様々な安全管理対策ができてきた。

消防においては、昭和53年（１９７８年）に起きた救助訓練での落下事故を契機に本格的な安全管理への取り組みが始まったと言える。

札幌消防においては昭和56年(１９８１年)に消防大学校に開講された救助課程の入校をきっかけに進められてきたと記憶している。

消防は、市民が危険を感じ逃げ出すところへ向かうのだから、どこで活動しても危険である。

災害現場に安全なところはない。

撤収作業中に自動車に轢かれた例や、少し離れていたところで見守っていた消防団員に、暴れた管そうが直撃した例など、「えっ、どうしてそんなところで?」という事故は意外と多い。

どんな危険が待ち構えているか分からないが、危険を回避、排除する行動をとることはできるのである。

安全管理対策については、様々な事故事例による研修や平時における機械器具、施設の点検などを強化すると共に、安全管理に係る組織内組織を強化し、安全意識の向上を図った。

4　指揮隊創設

美しが丘の火災を教訓に第一に強化されたのは、指揮隊の創設である。

指揮体制の強化については、この火災の前から何度か論じられていたが、指揮隊を創設するまでには至らなかった。

この火災を教訓として現場指揮の考え方が整理され、指揮隊が創設されたのである。

● 現場最高指揮者は、災害実態をいち早く把握し、活動方針を決定して実行させるという重要な任務を担う。

● その指示命令は、消防活動における消防責任、隊員の安全管理など組織全体に大きな影響を及ぼすと共に、社会的にもその責務は大きい。

- そのためには、専門的知識と高度な判断力が求められ、一貫した指揮責任体制を明確にする必要がある。
- そうした現場最高指揮者の指揮を実行するためには、的確な情報収集と指示命令の伝達、部隊管理のための手足が必要である。

こうしたことから「指揮隊」を明確に位置付けて、現場最高指揮者を補佐する専属の機構を設け、指揮活動の組織的な機能強化を図るとしたのである。

指揮隊の創設にあたっては研修を重ね、1年間の試行期間を設け万全の体制をもって本運用したが、実際の現場活動となると様々な問題が見えた。

指揮隊員は現場最高指揮者をサポートするスタッフであり、指揮隊長、情報収集、情報処理、無線担当といった任務が明確になったのはよいが、部隊側からすると、それまで事前命令としてやってきたことにも命令されることが増えたことや、指揮隊員から「こっちに回ってくれ！」などと要請されることに不満を感じるようになったのだ。

また、「指示送れ！」とか、「命令を受けていないので……」などと指示待ちの隊長が現れるなど部隊との軋轢が生じてきた。

現場最高指揮者も、出動途中から各隊の部署位置を指定することなどに慣れておらず、「出動指令書の順にやってくれ」などと無線担当者任せも少なくなかった。

それでも訓練や現場を重ねるごとに徐々に改善されていき、現場最高指揮者を中心とした部隊活動が形となり、指揮隊の活動が部隊全体の活動効率を上げ、安全性が高まることに気づいてきたのである。

「火を消さない消防隊」などと言われたこともあったが、現場活動において指揮隊はなくてはならない存在となったのだ。

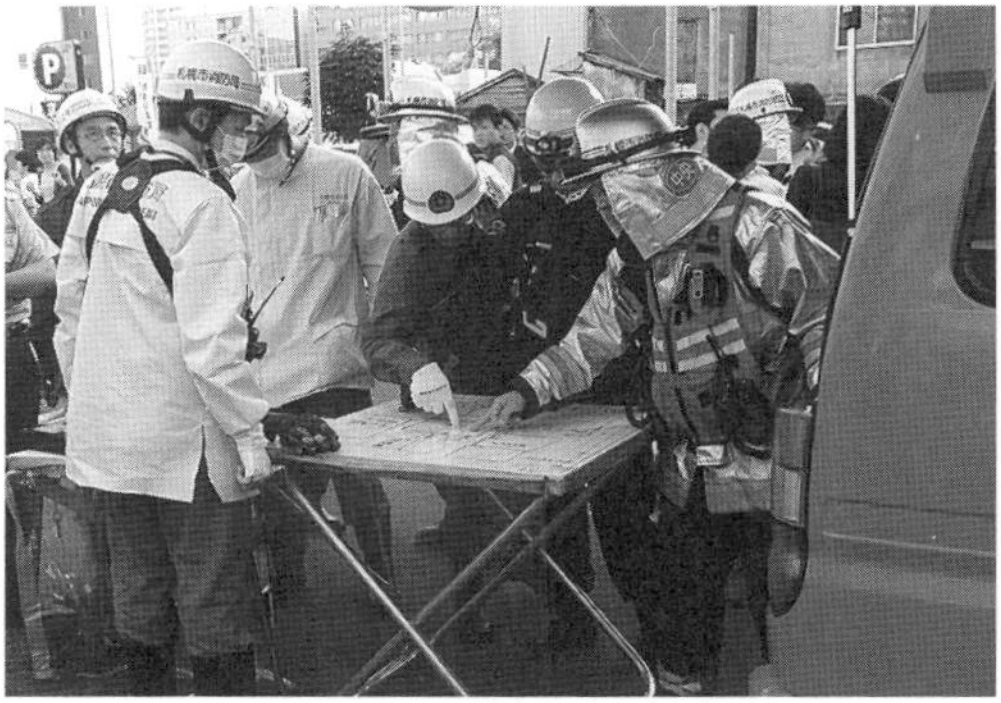

現場指揮本部

今では驚くような話を紹介したが裏を返すと、それだけ自分たちがやってきたことに信念を持ってやっていたのだ。

「現場を変える」ということは簡単にできるものではないと強く感じたのであった。

5　指揮及び責任

警防責任については消防局長以下各級の責務が明確になり、消防署長の責務として、管轄区域内における警防業務、警防活動に万全を期すよう示された。

すなわち、管内の地理・水利や消防対象物の把握に務め、研修訓練を行い、人員機械器具を万全な状態とし、あらゆる災害に対応できる体制を整えると共に、全力で災害対応にあたらなければならないというものである。

現場指揮は所轄主義が継承され、指揮及び責任に対する考え方が整理された。

管轄区域内で発生した災害については、消防署長の部下である現場最高指揮者が署長の責務を一義的に担う。なお、通常業務における指揮命令系統は所属ラインであるが、災害対応にあたる職員は一の所属にとどまらないことから、出動指令を受けた職員は現場最高責任者の指揮下において行動しなければならないというものである。

指揮責任については、隊長をはじめとする各級指揮者は、出動部隊に対する行動責任があり、それぞれの立場に応じ責任ある言動を行わなければならない。

すなわち、指揮者は責任ある命令が求められ、そのためには平時から命令者と受命者（現場最高指揮者と部隊、隊長と隊員）の間に信頼がなければ成り立たないということである。

当時の現場最高指揮者は、初動時においては消防署の警防課長であったが、夜間、休日は、課長職の出張所長から主査まで指揮を執る体制で、指揮レベルの格差が大きく、責任の所在が不明確であった。

あの日、豊平消防署では課長職出張所長が勤務していたが、本署の係長が現場指揮にあたり、課長職出張所長が出動することはなかった。

そうしたことから24時間体制で課長職が指揮を執ることとし、本署に固定配置して指揮責任の明確化を図った。

また、災害の拡大や建物の業態によっては、所轄の指揮隊のみでは情報収集や指示命令の伝達などが円滑に行えないことから、近隣消防署から指揮隊が応援する体制としたのである。

その後、三部制移行に伴い指揮体制は見直された。

6　機器の改良

濃煙の中で活動する隊員の命を守るのは呼吸保護具である。

その呼吸保護具は、１５０気圧型の空気呼吸器を使用しており、激動時には10分程度しかもたないことから、圧縮率の高い軽量ボンベを使用し、携行空気量がおよそ１・５倍の空気呼吸器の導入が図られた。

最新の呼吸保護具は、面体内に空気の残量を表示するＬＥＤが内蔵され、目視で分かるようになっているほか、装着している隊員に緊急事態が起きるとアラームを発するなど、この分野の改良はかなり進んでいる。

防火衣については、ＩＳＯで定める規格をもとに検討が行われ、積雪寒冷地の札幌消防オリジナルのものとして導入された。また、キャップライトや携帯用警報器も導入され、個人装備の充実と安全対策の向上が図られた。

古い話であるが、

昭和53年（１９７８年）に消防救助操法の基準が告示された。

それまでは、ロープやはしごを使った救出方法や呼吸保護具を着装しての人命検索などの要領は、全国的に定められたものがなく、各消防本部や消防学校では独自にやっていたのだ。消防活動はチームによる連携行動なので、こうした要領を皆が知って共通認識をもつ意味は大きい。

当時は特別救助隊がその操法をマスターして、各署の救助工作隊や消防隊へ伝え広げるということで、連日操法訓練を実施していた。

空気呼吸器操法をしていたときに疑問が湧いた。

操法をやることで動き方は分かったが、器具の性能を知らないことに気づいたのだ。

何分持つということは分かっているが、そのほかの詳しいことはほとんど分からないまま使っていた。

空気呼吸器は救助器具の中でも使用頻度が高く、自分の命を守る道具としては最も重要なものであるが、ボンベの刻印は何を表しているのだろう？　面体のゴムバンドにも同じように番号がついている。なんだろう？　圧力調整器の構造や警報が鳴るメカニズムはどのようになっているのだろう？　弁は交換できるのだろうか？　最も激しい動きをしたときはどうなるのだろうか？　などと、きりがないほど知らないで使っていたことに気づいたのだ。

「このままではいつか深刻な事故が起きる」

不安が高まった。

それからは、様々な道具の諸元や性能についても徹底して調べるなど、隊を挙げて取り組んだ。

特別救助車には相当な数の救助用資機材が積載されていた。２００以上はあったと思う。すべての道具について、その諸元や性能を知り取扱訓練を重ね、現場ではその道具の能力を１００％発揮させる。

プロであれば当然のことである。


特別救助隊を離れ数年後、私は堤さんと東消防署で顔を合わせた。

「俺、やってるぞー！」と言うのだ。

「えっ何？」

「呼吸器だよ」

「あー、あれね」

堤さんは、特別救助隊のときの取組みを異動先の職場でも熱く実践していたのだ。

彼も「ここのままでは、いつか、誰かが、痛い目に」と感じていた一人だった。

「俺、やってるぞー！」と言ったあの顔は今でも忘れない。

7　勤務体制

堤、岡田の二人はボンベ交換に出たときは別々であったが、再進入のときは行動を共にしていたと思われる。

二人とすれ違ったり同じ場所に居合わせたりした隊員がいたが、特に他署の隊員には彼らと面識が薄く、誰であったか分からなかったという者がいたことは、当時の勤務体制が少なからず影響していた。

二部制では、隊の編成が日替わりであったことや警防人員が確保できない場合には、代勤により人員を確保するというシステムで行われてきたが、普段から共に勤務している関係ではないので、お互いの性格や知識、技術レベルなどがよく分からないといった不安があった。

災害現場では十分な説明や確認するいとまがないので、時として活動に影響し事故を誘発する要因になりかねなかった。

そうしたことから三部制の導入について検討された。

なお、三部制については職員の労働負荷の面からも検討されていて、指令業務は平成５年（１９９３年）から、火災調査業務は平成18年（２００６年）から移行した。

現場部門については時間がかかったが、平成21年（２００９年）から段階的に移行し平成25年（２０１３年）に完全実施となった。

これにより、頻繁に行われていた代勤が完全に無くなったわけではないが、勤務するメンバーの固定化は格段に高くなり、隊の士気が高まりチーム力の向上につながったと言える。

部隊がすべて三部制になったことで、災害現場で顔を合わせる隊員は皆、顔見知りとなったのである。

8　その他の取組み

・警防活動マニュアルの見直し
・監察指導体制の強化
・災害事例の研究
・訓練指導体制及び訓練施設の充実強化
・現場経験の均衡化

また、現場指揮者を対象とした研修や指揮隊員を養成する研修も行われるなど、様々な分野にわたり充実強化に向けた取組みが進められた。

現場指揮に対する職員のスキルは格段に向上した。

第5章　新たな消火戦術

消火活動に立ちはだかる濃煙熱気。

「煙にかけても火は消えない！」と教わり、何度濃煙の中に突入したことか。

振り返ってみると、煙は押し出す。熱は水で冷やすぐらいのことしか考えていなかった。

消防人生の終わりを気にし始めた頃、「陽圧換気」というものを知り、衝撃を受けた。

風を送って煙を排出したり、流入を防いだりするというのだ。

陽圧といえば、特別避難階段の附室（階段室前の部屋）を想像する。煙の流入を防ぐためには、しっかりした構造とそれなりの設備が必要と考えてしまうが、大型の扇風機一つでそうした空間をつくり、しかも燃えている建物に向かって風を送るというのだ。

欧米では、10年、いやもっと前からやっていたという。

そのメカニズムを知って、また驚いた。

煙や熱が及ぼす危険性や活動の困難性は十分経験し理解していたつもりだが、その対策についての調査、研究が足りなかったと反省が残る。

その驚きの一端と私的な想いを述べる。

1　消火戦術の変遷

札幌消防では、その昔「中央突破戦術」というのがあった。これは、出火建物の中央部を突破し火点を二分するという戦術で、昭和19年（1944年）に北海道庁札幌消防署の初代消防署長となった広瀬博によって考え出された。広瀬戦術とも言われた。

昭和30年代になってからは、火点を二分するという意味においては効果があるが、突破するという表現は必ずしも適当でないことから、火点の制圧とあわせて火勢を包囲することを重視し、これらの行動全体を捉えて「火災防御」としての考えができた。

こうした考えは、それまでのスムースノズルから、昭和35年（1960年）に導入された噴霧式ノズルの出現によっ

屋根を開削する救助工作隊

て、注水により煙を押し出すというこれまでにない効果を利用して、屋根を開削して煙を排出する戦術に発展した。

そうした戦術を可能にした理由には、一般的な木造建物は軸組構法であり、屋根は、まさ葺き↓鉄板葺き。外壁は、下見板張り↓モルタル塗り。壁や天上の内側には薄いベニヤ板が使われるなど、破壊が容易にできたことにあった。

余談であるが、いち早く屋根に上がり排煙口を開削する救助工作隊は、その雄姿から「華の救工隊」と呼ばれ、若い職員の憧れだった。

昭和60年代に入ると、被害の軽減という観点から最小限の破壊に止めるようになってきて、屋根などを開削するのは煙が排出される有効な開口部がなく、濃煙熱気が消火活動の支障となる場合などで、現場最高指揮者の判断によるものとされた。

そうした考えのもと、消火効率が高いとされるフォグガンが導入された。

フォグガンの最大の特徴は、高圧注水でつくられた微粒子化した水が蒸気化するときに大きな熱量を吸収する作用を活かしたもので、冷却と窒息の相乗効果や排煙作用があり、少量の消火水で済むことから水損防止も期待された。

しかしながら、フォグガンは高圧ホースの操作など使い勝手が悪いという理由からあまり活用されず、平成19年（２００７年）にお蔵入りとなった。

平成21年（２００９年）には、水の表面張力を低下させ消火剤が可燃物に付着して高い消火効果が得られるという、クラスA消火剤を使った消火システムが、平成26年（２０１４年）には「キャフス：ＣＡＦＳ」と呼ばれる圧縮空気を含んだ泡を放射する車両が導入され、水の量を極力抑えて高い消火効果を上げる新たな消火技術の時代に入ったと言える。

一方、排煙については、自然排煙や注水による排煙が主として行われてきた。

送排風機を使用する場合もあったが、濃煙熱気を一気に排出できるわけではない。

そうした中、平成17年（２００５年）に発生したJR福知山線列車脱線事故を教訓に、国から貸与された大型ブロアー車や可搬式ブロアーによる「陽圧換気」という新たな排煙方法の調査研究が始まった。

その後、ブロアーを活用した消火活動を先進的に行っている諸外国を視察するなど、さらなる調査研究が進められ、数年前からは実災害においてブロアーによる排煙が行われている。

平成27年（２０１５年）２月、札幌市中央区の商業ビル地下飲食店から出火し、接続する札幌駅前地下歩行空間（チ・カ・ホ）に煙が流れ込むという火災が起きた。

当時、〝さっぽろ雪まつり〟の開催期間中で、チ・カ・ホは大勢の観光客などが利用していて一時は騒然となった。

この火災で大型ブロアー車と可搬ブロアー２台を使用し、およそ５００メートルの排煙活動を実施した。あのような大空間でも十分な効果があることを生で確認することができたのである。

※参考：海外視察概要

平成19年（２００７年）ソルトレイクシティー市消防局、シカゴ市消防局

・陽圧換気による消火（PPV：Positive・Pressure・Ventilation）

平成26年（２０１４年）スエーデン緊急事態庁（MSB）、大ストックホルム消防本部

・陽圧換気戦術（Fire Ventilation）

・クラスA消火（Class A Foam）

・圧縮空気泡消火システム（Compressed air foam systems）

・3D Water fog

2　陽圧換気システムと加圧防煙システム

第3章において煙、熱、酸欠について考えてみたが、空気の動きも重要である。酸素の供給が継続され燃焼が促進されると温度が上がる。煙も出る。煙の体積は温度上昇とともに何倍にも増え火災室の圧力が増していく。その高温になった可燃性ガスに引火すればフラッシュオーバーとなって猛烈な火炎が吹き出す。

また、圧力が高くなった火災室の窓やドアを開けると煙は外に吹き出すが、別のところから空気が流れ込み、燃焼がさらに活発になるケースもある。

あるいは、一見燃え尽くしたように見えても負圧になったところに空気が流れ込み、バックドラフトが起きる。

こうしたことは、消防人であれば誰でも理解する。

また、窓全体から煙が出ていれば、どこか別のところから空気が入っていると想像ができる。一つの窓から吸排気をする場合もある。

そうした状況が視認できれば、進入場所の選定など消火戦術も組み立てやすい。

しかし、理論を解っていても上手く活用できていないのが現実でないだろうか。

煙、熱、空気の流れをコントロールできず濃煙熱気に苦戦する状況は昔も今も同じだ。

「風を送る」というとビックリすると思うが、建物内のどこか、出火室とか廊下などに風を送り「陽圧」状態にして、その空気の圧力で煙を押し出し、逆に煙が出てこないようにするのである。

東京ドームや子供が跳ねて遊ぶエアードームを想像していただきたい。どちらも風を送って膨らませている。ドームの入り口では強い風を感じるが、中に入ってしまえばまったく風は感じない。これは、その空間に送風して空気の圧力を高くしている。すなわち陽圧状態。

これを火災現場に応用して、煙を追い出したり煙の流入を防いだりするというのである。

火災現場において、煙の流れをブロアーにより機械的に操作して、排出したり一時閉じ込めたりするのが「陽圧換気システム」あるいは「加圧防煙システム」という。

さらに、それらの技術とあわせて消防隊が進入して人命救助や注水を行う一連の行動を「火災アタック戦術」と呼んでいる。

「陽圧換気システム」は、ブロアーを使用して火災室の外から空気を送り込み、その空間（燃えている部屋）を加圧して、煙を押し出すのである。勿論、煙が出るところが必要だ。そうすると、加圧された出火室内を見通すことができ、燃焼実態に効果的な注水が行えるのだ。

「加圧防煙システム」は、ブロアーを使用して廊下や階段室を加圧して、火災室内の煙が廊下や階段室に出てこないようにするのである。

加圧された廊下や階段室は煙が抜け、居住（入館）者は安全に避難ができ、消防隊員は素面（空気呼吸器の面体を着装しない状態）でも行動ができる。

しかし、単純に高温の煙を押し出すだけでは延焼危険が生じる。

火災において発生する煙の体積は、温度上昇に伴って何倍にも膨れ上がっていき、一般的には火災の第二成長期あたりに急激に温度が上昇し、天井付近が最も高温となり、圧力の増した煙が開口部などから猛烈に吹き出す。

逃げる側にとっても消す側にとってもこの濃煙熱気が最

可搬ブロアーによる送風

も危険な存在である。

したがって、煙の温度を下げる必要がある。

3　効果的な高圧注水

一般的には注水によって温度を下げるが、その注水方法によってはこれまで以上に冷却効果を上げることができるのである。

水が熱せられて沸騰するときの熱量に比べ、蒸気化して気体になるときは何倍もの熱量を吸収する。この蒸気化現象を有効に活用し熱を奪うのだ。

すなわち、注水とともにできるだけ速やかに水を蒸気に気化させるのである。

同じ量の水でもノズルから放水される粒子が小さいほど煙の粒子や燃焼ガスと触れる面積が大きくなり、水の粒子が熱を吸収する面積が増え、効率よく熱を吸収してくれる。

つまり、できるだけノズルから放水される水の粒子を小さくして、火勢に対し十分な放水量で燃焼実態へ確実に注水することが理想と言える。

火災室の天上付近で可燃性ガスが燃え、高温状態になっているときは、まず、そこに高圧スプレー注水して熱を下げる。

高圧スプレーから放出される水の微粒子は煙も消してくれる。

火災室の温度が下がれば、押し出された煙による延焼危険がなくなる。また、フラッシュオーバーの発生を防ぐことにもなる。

そうすることで、活動する隊員への危険を排除することができるのである。

なお、注水による吹き返しを経験した人は分かると思うが、注水方法に工夫が必要であることを付け加える。

うまい話を並べたが、難しいことではない。

そのためにはブロアーの配備、開口部の設定、筒先配備などいくつかの要件が必要となるが、建物構造や規模、形態、吸排気の状況などに応じた「部隊フォーメーション」を定めて、部隊が共通認識を持てば、すぐにでも火災アタック戦術として実践することができるのだ。

実行できる道具も揃っている。

今主流となっているガンタイプノズルは、あのフォグガンによる高圧スプレー（フォグ）注水と同程度の性能があるという報告がある。

また、水の力で鉄やコンクリートを切断する、ウオーターカッターから噴射される水の超微粒子は冷却と消煙に高い効果が期待できると言える。

4　ホース捌き

こうした、換気システムと高圧スプレー注水を組み合わせることにより、煙と熱をコントロールして避難誘導や早期の火勢制圧が可能となるが、そのためには、迅速なホース捌きが必要であるということも付け加えたい。

ホース延長は、消防車からホースが繋がったままで延長するものだと教わり、長年そのようにやってきた。

また、建物付近での部署移動を考慮して、ホース1本分の余裕を延ばしている。

ところが、どの隊も同じようにするので、出動台数が多くなると、ホースの上にホースが乗り、二重三重になるのである。

テレビニュースに取り上げられる大きな火災現場を見ると、決まってそうした光景が映っている。

全国どこも同じだ。

火災現象は刻々と変化する。そうした変化に対応しなければならないときに、ホースが絡まり、部署移動ができないということではプロとは言えない。

火災アタック戦術では、「ホースはロープの如く扱う」ことが求められる。

「ロープの如く扱えるホース」の開発にも期待したい。

巧みなホース捌きが求められる

5　戦術のフォーメーション

包囲戦術、挟撃戦術と言えば、「こうだな」とイメージができるように、部隊活動するうえで、一定の行動パターンを事前に決めておくとは共通認識を持つという意味で大事である。

同じように、陽圧換気とか加圧防煙を行う場合には、どこにブロアーを設定するか、その場合の排気側をどこにするか、また、アタックはどの隊になるか、そのときの援護隊は、すなわち、フォーメーションがパターン化されているとスムーズな現場活動ができるのである。

百態に応じたパターンは意味がないが、プロであれば基本のフォーメーションがあれば十分対応できるはず。

詳細はさて置き、大事なことは、平時から消火戦術に対して同じ認識を持ち、災害時に指揮者が示す戦術に、出動部隊が対応できる能力を備えていることが、何よりのアドバンテージである。

ここに紹介したことは、平成25～27年（２０１３年～２０１５年）に札幌市中央消防署に立ち上がった「新消火戦術研究会　NEXT Conference」（ネクストカンファレンス）において、消火活動に関する理論的理解と現場スタイ

新消火戦術研究会（ネクストカンファレンス）

ルの構築を目指した調査研究成果の一端である。
NEXT Conferenceでは特に、
・消火注水に関する研究
・ホース延長に関する研究
・補給中継に関する研究
について調査、実験、検討を重ね、次世代に向けた新たな消火戦術として提言したのである。

なお、こうした理論による消火活動はすでに実践されている部分もあるが、組織が持つ消火戦術として確立されることを期待したい。

第6章　事例に学ぶ

火勢が急に変化し、活動中の隊員が受傷した例は少なくない。

火の勢いが急に変わるということは、急な酸素の供給やフラッシュオーバー、バックドラフト、あるいは美しが丘の火災で起きたと思われるファイヤーボールなどが考えられるが、いずれの現象も、それなりの条件が揃ったときに起きるのである。

そうした事例をいくつか紹介する。

1　開口部の設定で火勢が一変

平成19年（2007年）10月27日（土）、北海道美唄市で起きた火災だ。

木造一部鉄骨造、地上3階建てのテナントビルで、延べ面積約2、500平方メートル。

木造部分は古く、何度も増改築が行われており、当時はテナントがすでに移転を予定して商品の一部は1階に集められ、上階には若干残っている程度であった。

屋外の看板が取り外される工事が行われ、ガスバーナーを使用してボルトやアングルの切断作業を行っていた。

そして外部は工事用ネットで覆われていた。

消防隊が到着時は、２階外壁の上の方から煙が出ており、３階の壁面上部から炎が確認された。

４名の隊員が内部進入し、排煙のため２階の窓を破壊、さらに３階の窓を開放した。同時にホースを３階まで延長し筒先を配備した。

３階に進入した４名のうち２名は面体を着装していたが、２名は素面で活動していた。煙が濃くなってきたので、素面の２名は空気呼吸器を着装するため一旦車に戻った。その後に、火勢が一挙に拡大し、３階で消火活動にあたっていた40歳消防士長と25歳消防士が、強烈な火炎にあおられ退路を失った。

３階の床が焼け落ち、二人は下階で発見された。

排煙のために破壊（開放）した窓から一挙に空気が流入し、建物内に充満していた可燃性ガスが爆発的に燃え広がったとみられる。

呼吸器を着装後再進入した隊員によると、着装に要した時間は5分程度であったが、２階にも炎が迫り３階は熱風が強くて上がれる状態ではなかったという。

《情報提供》美唄市消防本部

２　濃煙熱気に包まれる

濃煙熱気に包まれたのが、平成20年（２００８年）７月４日（金）、新潟市西区で起きた建物火災である。

木造一部鉄骨造、地上２階建て、延べ面積７６７平方メートルの工場・店舗兼住宅の工場中央部から出火し、火元とみられる工場が全焼した。

先着の消防隊が現場到着時には、火元建物の工場中央部分の屋根が抜け落ち、炎が火柱となって噴出し、火元建物の北側及び南側へ延焼拡大中であった。

先着隊は延焼阻止の注水を開始した。後着隊も順次注水を開始したが、出火建物の１階工場兼店舗部分にあったポリエステル製布類等の燃焼により延焼が極めて早く、火炎も熾烈で消火活動は困難を極めた。

その後、消防部隊が増えるに従い徐々に包囲隊形が確立され、隣接建物への延焼阻止が見込まれる状態となった。

中隊長から命令を受けた２名の隊員が、店舗兼住宅（工場と棟続き）の２階に延焼防止のため進入した。

A隊員が筒先を担当して2階へ進入を開始し、B隊員は1階でホースを送る作業を行った後2階に上がった。

途中、階段付近で黒煙を確認したが、2階玄関付近では熱を感じなかった。

A隊員は2階室内に進入し、B隊員と声で存在を確認し合いながら低い姿勢でヘッドライトの光で内部の状況を確認していた。

その後、B隊員はA隊員にかけ声で確認しようとしたが、応答がないため緊急事態と判断し、中隊長に報告に向かったところ、既にA隊員が窓枠にもたれかかる状態で発見された。

一方、特別救助隊が部署移動のため三連はしごを伸梯操作していたところ、突然、A隊員が2階西側の窓ガラスを破り、窓枠に伏臥位の状態でもたれかかってきたのを発見した。

救助隊員は窓ガラスを破壊し、室内進入を試みたが火炎と激しい熱気のため、A隊員と室内に向け放水を実施し、火勢の衰えとともに屋内進入してA隊員を救出した。

受傷原因は、工場との渡り廊下接続部の居室の燃焼が進展し、上部に蓄積される濃煙熱気が増大して床面付近まで降下したため、熱射病の意識障害を起こす中で熱環境下に爆され、強いエネルギーが体内に蓄積したことにより受傷したものと推定された。

《参考文献》
新潟市西区寺尾地内で発生した建物火災殉職事故に関する概要及び安全対策について
新潟市消防局警防課
（近代消防社発行　近代消防　２００９年２月号）

3　急激な黒煙と熱気に襲われる

平成21年（２００９年）６月１日（月）、神戸市東灘区の倉庫火災。

鉄骨準耐火造、地上３階建て、延べ面積約４、７００平方メートルで、小麦製粉工場敷地内にある倉庫兼作業所のうち約３、４００平方メートルが焼損した。

消防隊到着時の火災の状況は、出火建物の西面は上部窓から若干の白煙を認めるものの出入り口（開放状態の鉄扉）からは煙の噴出はなく、北面は上階からうっすらとして白い煙が漂い、南面は屋根の継ぎ目から若干の白煙であった。

東面は３カ所の出入り口のうち、鉄扉が開放されていた出入り口からは炎は確認できないものの大量の黒煙が噴出し、内部の確認ができない状態であった。

小隊長と隊員Ａが先行しホース延長した。隊員Ｈも呼吸器装着後建物に向かった。

西面入口から煙の噴出なく屋内天井部分にうっすらと煙があり、東側の間仕切り壁まで見渡せた。

南東部の天井付近で「チョロチョロ」とした炎と天井から50センチメートルほど下で、炎がＬ字状に赤く出ていた。

延焼阻止のため、小隊長と隊員Ａは１口放水を開始した。

放水開始あたりから徐々に煙が濃くなった。

隊員Ｈが合流し、分岐金具から２口放水を開始した。

小隊長は隊員Ａの支援にあたった。

まもなくして、天上部分から濃煙が渦巻くように急激に噴出し、一気に視界が失われた。

小隊長は危険を察知し「退避」を命令し、小隊長と隊員Ａは進入口側へ少し退避した。

小隊長は、隊員Ｈが共に退避していないことに気づき、再進入して検索したが、濃煙熱気はすさまじく隊員Ｈの姿を確認することができず、小隊長と隊員Ａは屋外に退避した。

その後、特別高度救助隊などが懸命の救助活動を試みたが、開口部が少ないために充満した濃煙熱気に阻まれ、なかなか発見することができなかった。

その後、重機で壁を破壊するなどして、救助活動から9時間後に発見された。

この建物の建築部材には、薄い鉄板でウレタンを挟み込んだ[※]サンドイッチパネルで内壁が構成され、さらに、それぞれの階層の天井はサンドイッチパネルがつり天上となっていた。

※　サンドイッチパネル

断熱材の厚い板を金属製薄板で挟み込んだ建築材料で、主に断熱用建材としてスーパーマーケットの惣菜調理室や食品工場などで使用されている。この建物で使用されていたのは硬質ポリウレタンフォームで、火災時の爆燃やガスによる中毒等の危険性が高いとされている。

《参考文献》

・一般財団法人　消防防災科学センター発行
月刊フェスク　２００９年10月号
・消防防災の科学（№99　２０１０冬号）
火災原因調査シリーズ（55）―倉庫火災　　神戸市消防局予防課

4　熱風圧で飛ばされる

平成13年（2001年）1月1日（月）、札幌市白石区で発生したマンション火災である。

この火災で、消火活動中の隊員3名が突然の熱風圧に吹き飛ばされ1名が受傷した。

幸いにして受傷した隊員は軽症であったが、重大な事故になる危険があった事例として紹介したい。

耐火造、地上8階建て、複合用途ビル（1階から3階はテナント、上階は共同住宅）の6階の1室が焼損。

発生時間は夕方で、雪混じりで北寄りの強い風が吹いていた。

最先着したのは、現場から300メートルに所在する出張所のM水槽隊である。

到着直前に北面6階の小窓から火炎が出ていたのを確認した。

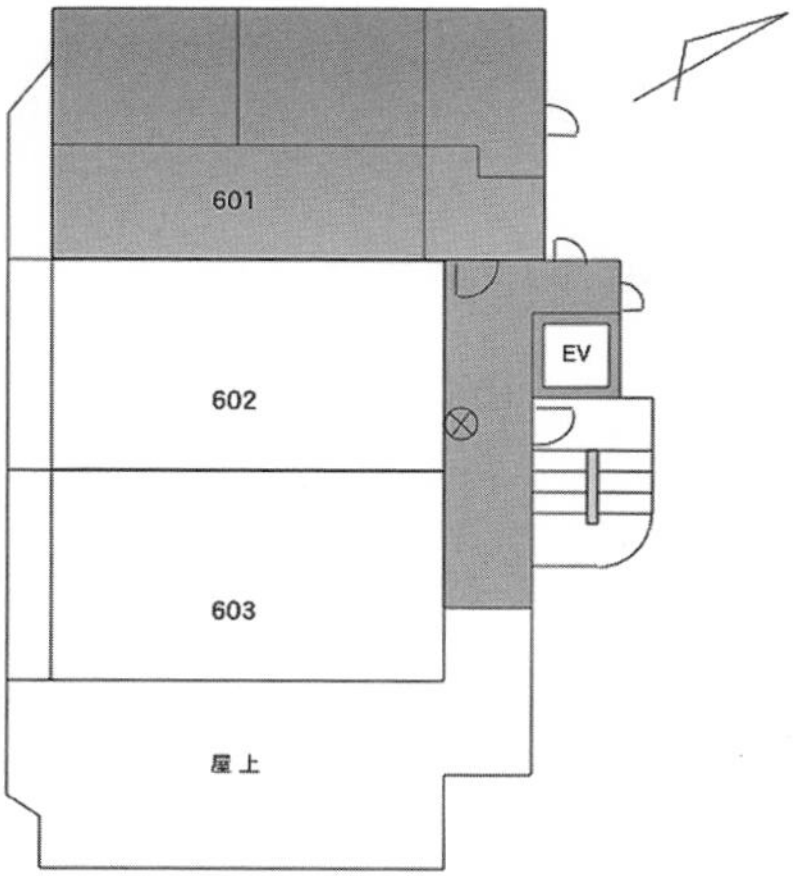

6階の概要

屋外階段の出入り口が開いていたので、屋外階段から6階に至り、ドアを開けると正面に連結送水管の放水口があった。

廊下に煙が充満していたが、膝下は見通し可能である。

出火室は右側突きあたりの６０１号室で、ドアに触れると熱気を感じた。

同階には他に2室が所在する。

隊長は、筒先配備の間に６０２号と６０３号のドアを叩き、逃げ遅れを確認したが反応なく施錠されていた。

南方面からの外観、手前は北東面

6階の送水口からホース1本延長して出火室の玄関ドアを開けると、正面奥に火炎が見え、左奥には真っ黒な煙が充満していた。

注水しながら玄関に入った瞬間、一挙に熱気が襲いかかってきたので慌てて閉めた。

その後、玄関ドアは管そうが入るくらいしか開けることができず、注水は断続的に4回するのがやっとだった。

後ろにＫ水槽隊が来たので「あと頼む、熱いので気をつけろ！」と言葉をかけボンベ交換に出た。その後、交代したＫ水槽隊も注水したが、熱気が強く、Ｍ水槽隊と同じような断続的注水を４回ほど行うのがやっとだった。

Ｍ水槽隊と入れ替わるようにＨ水槽隊が内部進入し、Ｋ水槽隊と協力して注水を行ったが、やはり熱気が強くて断続的に３回ほど行うのがやっとだった。

６階の方面指揮者は隣接消防署の消防係長である。

方面指揮者は、Ｍ水槽隊長から火勢の状況などの報告を受けたが、活動隊名が不明であったことや隊員の所在が分からない隊があった。また、屋外階段はホースや予備の管そう、フォグガン、分岐金具などでごった返しだった。

さらに、ホースが何箇所も折れ、どのホースも圧力が弱いことがすぐに分かった。

方面指揮者は６階の活動隊に一旦退避を命じ、全てのホースを撤収して新たなホースラインを設定させた。

そのうえで、上階に警戒筒先配備していた隊に進入を命じた。

方面指揮者が命じた活動方針は、

・5階から延長している50ミリメートルホースの撤収
・65ミリメートルホースを新たに設定
・隊員間に確保ロープをつける
・進入時の活動時間は10分
・予備ボンベを5階に集結
・進入隊はB水槽隊

命令を受けたB水槽隊の3名は、しころを前閉じして隊員間の確保ロープをつけ、万全の体制で6階廊下に進入した。

出火室の手前3メートルほどの位置で副隊長を先頭に注水姿勢を取った。

玄関ドアの上の方から炎が出ていたので棒状で注水した。その後、ドアがバフバフと（開きはしないが）開いたり閉じたりするような感じで隙間から炎が出ていたので噴霧注水したところ、炎がスーッと引いた。

次の瞬間、ドーンと、大きな音とともに玄関ドアが開き、強い熱風が吹き出て3名は飛ばされた。

廊下の長さは約10メートル。

筒先を保持していた副隊長は３メートル、一番後ろにいた隊員は前の隊員に押され、後ろの壁まで飛ばされ火傷を伴うけがを負った。

３名は辛くも脱出できたが、隊員間確保ロープがなければ、取り残された隊員が出た可能性もあった。

B隊が進入しようとしていた頃、ベランダ側からも進入していたのだ。

６０２号室には逃げ遅れというか、火事に気がつかないでいた住人がいた。

その住人は消防隊とはしご隊の連携によりベランダから救出された。

その後、はしご車の先端からホースを延ばし、６０１号室のベランダから注水したのである。

また、R隊は5階ベランダからカギ付はしごで6階に進入し、消防隊のホースを引き上げ、消防隊と共にベランダから注水した。

B水槽隊が廊下で注水していた頃と重なる。

最初、M水槽隊が玄関ドアを開け、注水した途端に強烈な熱気を感じたのは、玄関奥の洗面所の窓（熱により破壊）から北風が吹き込み、玄関ドアを開けたことにより一挙に玄関側に流れができたのだ。

消防隊は、玄関から3隊が入れ替わり注水したが、いずれも熱くて断続的に注水するのがやっとで、ほとんど効果がなかった。

これは、火災室の窓が熱破壊され、そこから強い風が吹き込んで内部の燃焼が促進されていったと思われる。

そうした状況の中、消防隊は一旦退避し注水が中断された。

その間も熱破壊した居室の窓から強い風が吹き込んでいたので、内部の圧力はどんどん高くなっていった。

そうしたところにベランダを開け注水したので、熱気が玄関ドアを壊すほどの圧力で押し開けたのではないかと推察する。

玄関ドアの変形を見ると圧力の凄さが分かる（写真）。

激しく熱破壊された玄関ドア

なお、玄関ドアの隙間から火炎が一旦スーッと引いたのは、ベランダを開けた瞬間ではないだろうか。

また、Ｂ水槽隊が使用したホースは、のちに焼けた状態で発見されたことをみると、廊下全体が熱風により高温であったことが分かる。

Ｂ水槽隊に援護注水していたらどうだったかという疑問も残るが、最悪の事態を避けられたことは何よりであった。

文責　田岡敏正

■結　語

美しが丘の火災がどのような火災であったのか、そして隊員たちは何をどう感じ、どのようにして濃煙熱気に立ち向かったのか、想像いただけたと思う。

また、隊員が受傷した事例を紹介した。

火勢の急な変化にもプロセスがあり、そのどこかには兆候がある。

しかし、現場に卓越した者であってもそのサインに気づくことが難しいことを何度も思い知らされてきた。

赤外線カメラなどの高度な器具を活用することはとても有効であるが、こうした事例を貴重な代理経験として積み上げ、この先どうなるのかという見積もる術《すべ》と智恵、すなわち現場スキルを高めていくことが、身を守る盾になるのだと知って欲しい。

現場最高指揮者の部隊運用は、情報、火勢、建物、気象、地形、水利、部隊など様々な要素を総合的に判断し決断するが、火勢についてはどのような戦術をもって収束させるかである。

筒先口数を揃え、包囲すれば部隊が消してくれるというものではない。

劣勢の状態が続けばそれだけ危険が増す。

複雑、多様化する火災現場での事故を防ぐためにも、さらなる消火戦術の高度化を進める必要性を感じる。

戦術にも科学的根拠がなければプロとしての仕業とは言えない。
とっくにそういう時代に入っている。

新たな考えやシステムを現場活動に取り入れ、組織のスタンダードをつくるには相当のエネルギーと時間が必要であるが、建物構造や消防を取り巻く環境を考えると、少しでも早く踏み出す決心に期待したい。

現場活動は日々の努力なくして対応できるものではない。

継続は力であり、極めればこそプロである。

それと、
堤さんが笑顔で言った
「俺、やってるぞー！」
彼がやり残した取組みを引き継いで欲しいと願ってやまない。

II

東日本大震災

宮城県指揮支援部隊72

伝承　今、伝えるべきこと

平成23年（2011年）3月11日（金）14時46分 東北地方に巨大地震が発生した。

当時勤務中であった私は、札幌市緊急消防援助隊の指揮支援隊長として、隊員4名と消防航空隊員6名とともに消防ヘリコプター〝さっぽろ〟で宮城県を目指した。

発災から1時間22分後の16時08分に札幌を離陸した。

おそらく全国応援部隊の中でも早い出動であっただろうと自負する。

しかし、天候悪化などの理由で仙台入りしたのは翌日の朝となったが、そのことが任務を遂行するうえで、重要な判断に繋がったのであった。

3月12日早朝、上空からは地上の細かな様子は分からないが、津波が押し寄せたところがはっきり手に取るように分かった。

多賀城市の石油コンビナートから炎と真っ黒な煙が空高く舞い上がり、港付近では貨物コンテナがまるで積み木をばら撒いたかのように散らばっていた。

東部自動車道路の左右では、色というか景色がはっきり異なり、高速自動車道路が津波を食い止めているようにも見えた。

札幌市の指揮支援隊は、仙台市消防局の指揮支援部隊の代行として宮城県庁に設置された緊急消防援助隊消防応援活動調整本部において被災地の応援にあたった。

私は、仙台市消防局や岩手県、福島県に入った指揮支援部隊に知った人がいたこと、また、宮城県内の消防から宮城県庁に派遣されていた消防職員がいたことなどが大きな支えとなり、なんとか任務を遂行できたのである。

ここでは、特に生存の確率が急に下がると言われる72時間を中心に、札幌市指揮支援部隊はどのような活動をしたのか、また、緊急消防援助隊消防応援活動調整本部（以降は調整本部ともいう）の活動と、そこで感じたことを伝えたい。

第1章　消防応援体制

1　全国における応援体制

平成７年（１９９５年）の阪神・淡路大震災（兵庫県南部地震）における消防応援を教訓に創設されたのが、緊急消防援助隊である。

阪神・淡路大震災では全国から５０６隊２、４３４名が、札幌市消防局からは救助隊１隊（１次派遣、２次派遣）と消防航空隊が神戸市に応援出動した。

当時は、隣接市町村間での応援や都道府県内での応援体制はあったが、大規模で全国的な応援体制はなく、自治体消防発足以降初めてのことで様々な問題を残す結果となった。

特に、応援部隊の掌握、統制管理については受け入れる側の能力を超え、ほとんど掌握することができなかったのである。

神戸市消防局が出した問題点として、自動的な出動体制、受け入れマニュアルの整備、活動記録の整備、消防無線の整備などが挙げられた。

こうした教訓をもとに、全国的な消防応援体制が検討され、平成７年（１９９５年）６月に緊急消防援助隊が創設され、９月には消火部隊８９１隊、救助・救急部隊３７６隊など、全国の消防本部から１、２６７隊が緊急消防援助隊として登録されたのである。

緊急消防援助隊の実績は、平成８年（１９９６年）から平成30年（２０１８年）の北海道胆振東部地震まで38回に及び、東日本大震災の教訓や度重なる大規模自然災害への強化対策として登録隊数を増やし、部隊の動態情報システムによる迅速な被災地への投入や長期に及ぶ消防活動体制の充実が図られてきた。

登録隊数は、令和2年（２０２０年）４月現在で６、４４１隊となっている（消防庁ホームページより）。

緊急消防援助隊の出動スキームは、被災市町村は都道府県知事を通して消防庁長官に応援を要請し、消防庁長官は他の都道府県知事に対し出動を求め、都道府県知事は市町村長に消防庁長官の求めに応じた応援出動の措置を求めるという流れであるが、災害規模や内容により緊急を要する場合には、消防庁長官が直接市町村長に対して出動の指示を行うことができるのである。

東日本大震災では、消防庁長官の出動指示が初めて発動された。

また、都道府県が大部隊を集めて送り出すにはそれなりの時間を要するので、災害規模や災害発生場所に応じた出動計画が策定されていて、状況に応じて出動準備を整えるよう定められている。

北海道に関しては、平成12年（２０００年）の有珠山噴火災害、平成15年（２００３年）の十勝沖地震、苫小牧市の石油貯蔵タンク火災、そして平成30年（２０１８年）９月６日（木）未明に発生した北海道胆振東部地震において緊急消防援助隊の応援を受けている。

なお、札幌市消防局はこれらの災害に、指揮支援隊、無線中継隊、航空隊等を緊急消防援助隊として、また、救助隊、消火部隊、救急隊等を北海道広域消防相互応援協定により派遣している。

東日本大震災では、宮城県内12の消防本部のうち津波被害を受けた沿岸部の７消防本部の区域に全国から緊急消防援助隊が出動した。

２　都道府県における応援体制

各都道府県ではそれぞれの実状に応じた応援体制がとられている。

北海道では、昭和63年（１９８８年）の十勝岳の噴火災害を契機に、大規模かつ広域的な災害に対する消防応援体制が検討され、平成３年（１９９１年）に「北海道広域消防相互応援協定」を締結して、道内の消防応援体制が確立した。

平成29年(２０１７年)４月現在の市町村及び消防本部数は、１７９市町村58消防本部であり、面積が広い北海道は、５つの地域に区分してそれぞれに地域代表を置き、また北海道庁や各地域との総合調整を行うために、札幌市消防局が総括代表消防機関としてその役を担っている。

平成５年（１９９３年）の北海道南西沖地震による奥尻島への応援から、平成30年（２０１８年）の北海道胆振東部地震まで10の災害に応援がなされた。

平成７年（１９９５年）に函館空港で発生した、全日空ハイジャック事件にも広域応援があったことはあまり知られていないと思う。

東日本大震災においても県内応援があり、内陸の消防本部が津波被害を受けた消防本部を応援し、緊急消防援助隊が引き揚げた後も応援活動を継続した。

３　隣接市町村との応援体制

簡単にいうと、市町村間で個別に応援協定を結び、日常的に応援するというものである。

１１９番に助けを求める人にとってはどこからでもよいので、すぐに来てほしいのだ。

そうしたことから、市町村区域の境界付近は隣の市町村の区域であっても出動することをあらかじめ取り決めておくことや、市町村間で直接応援を求めることでいち早く出動ができるのである。

４　国際的応援体制

諸外国への災害応援がある。

海外で発生した大規模災害に対する国際緊急援助隊（Japan Disaster Relief Team：ＪＤＲ）としての派遣である。

国際緊急援助隊には、救助チーム、医療チーム、専門家チーム、自衛隊チーム、感染症対策チームがあり、救助チームは外務省、消防庁、警察庁、海上保安庁、医療班などで編成され、消防庁が所管するのが国際消防救助隊（International Rescue Team of Japan Fire Service：IRT-JF略称ＩＲＴ－ＪＦ：愛称「愛ある手」）である。

国際消防救助隊は昭和61年（１９８６年）に創設され、現在、全国77消防本部から５９９名の隊員で構成されており、これまで19回の派遣実績がある（消防庁ホームページより）。

国際消防救助隊に登録している市町村の隊員の招集は、日にちごとに指定されていて、該当日に消防庁長官からの要請に基づき国際消防救助隊が編成されるのである。

札幌市消防局では、平成8年（１９９６年）エジプトのビル崩壊災害、平成21年（２００９年）インドネシアスマトラ州パダン沖地震災害に派遣している。

東日本大震災では、22の国と地域から救助チームや専門家チームを受け入れた。

第2章　東北地方太平洋沖地震
札幌市指揮支援隊の出動

1　行くぞ！

私は、中央消防署の警防課長に着任して1年が経とうとしていた。

あの日は、大きな業務や火災出動もなく、午後から溜まっていた救急出動報告書の決裁事務をしていた。

中央消防署には4隊の救急隊が配備され、特に本署の中央救急隊とススキノを抱える豊水救急隊は、札幌消防31隊の中でも常に1、2番に出動件数の多い隊で、出動報告書はみるみる増えていくのである。

14時46分

グラグラっときた。

「地震だ！」

横揺れがけっこう長かったと記憶している。

署の地震計は震度3を表示した。

「東北地方で大きな揺れ、津波警報発令！」

テレビからうわずった声が何度も流れてくる。

「行くぞ、派遣用リュックだ！」

指揮隊の齋藤司令補に指示を飛ばした。

当時、札幌市消防局の緊急消防援助隊の編成計画において、指揮支援隊として消防局直轄の警防部指揮隊と中央消防署の指揮隊が指定されていた。

中央消防署の指揮隊は第2順位であるが、「中央指揮隊が行く」というか、「自分行く」と決めつけていたのだ。

後になって思うと、あのとき指示もないのに「行くぞ！」と言ったのか？……多分そうした気持ちが強かったのだろう。

まもなくして、警防部の山崎消防救助課長から「田岡さん行ってくれるか」という話があり「準備できてるよ」と返答したと思う。

緊急消防援助隊の出動に係る取り決めに「迅速出動」がある。

一定震度以上の地震が発生した場合には、事前に取り決めている消防庁長官の出動の求めが発動され、出動準備をするというものである。

当時の計画では、災害発生県が東北６県と新潟県の場合は、札幌市の指揮支援隊が出動該当になっていて、宮城県内で震度７、仙台市でも震度６強と報道されたことで、即座に「行くぞ！」と指示を出したのだ。

警防部から、鈴木警防対策担当係長が入ることになった。

鈴木は、広域応援などの業務を担当しており、有珠山噴火災害や後志管内島牧村の第２白糸トンネル崩落事故にも携わるなど、その道に精通していて頼れる男だ。

中央消防署からは、私（警防課長）と消防係長の山田、指揮隊員の齋藤、上浦を人選した。係長の山田と上浦は初めてであるが、齋藤は岩手・宮城内陸地震に指揮支援部隊としての派遣経験がある。

航空隊は、指揮支援隊をいち早く被災地へ運ぶために非番員が招集された。

札幌市の消防航空隊は消防ヘリコプターを２機保有し、通常は1機体制で３６５日運用しているが、勤務シフトを組み直して２機を同時運用することにしたのである。

航空隊の派遣チームは、會木航空係長、居戸、川去操縦士、伊藤、坂東整備士、篠原隊員の６名で、両隊合わせて11名の派遣が決定された。

山になっていた救急出動報告書を整理し、着替え、洗面道具、地図、緊急消防援助隊運用マニュアル、携帯電話充電器やらをリュックに詰め、準備が完了したあたりで外勤していた水口中央消防署長が戻った。

署長へ、派遣メンバーと指揮支援隊である旨を報告して車庫へ急いだ。

本来であれば、派遣を決定する会議を開催することになっているが、松井消防局長からは「頼んだ、早く行ってやって！」そのような言葉をいただいた覚えがある。

確かに人選や諸準備に慌ただしかったが、気持ちの整理はできていた。

有珠山噴火災害や苫小牧市の石油貯蔵タンク火災など、何度かの派遣経験があったからだ。

妻には「行ってくる、多分10日くらいは戻らない」と言った記憶がある。

15時30分

消防局を出発した。札幌市消防学校で消防ヘリコプターに搭乗する。

もちろん緊急走行だ。

途中、山崎消防救助課長から電話が入った。

札幌は宮城県の指揮支援部隊長だというのだ。

緊急消防援助隊の部隊編成

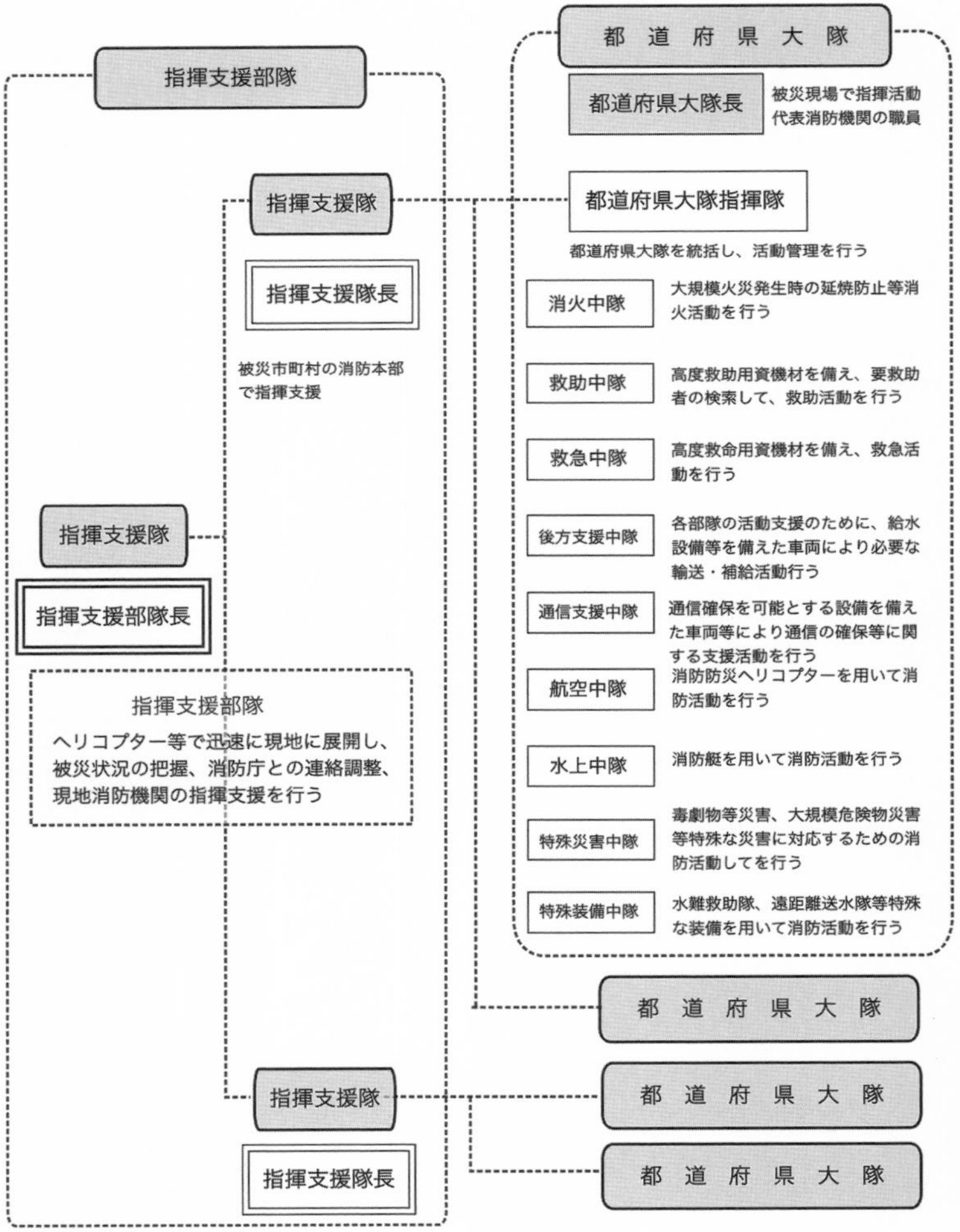

「えっ、部隊長!?」

聞き直した。

緊張レベルが1、2段階上がった。

それまでは、どこかの消防本部のもと現場での活動をイメージしていたからだ。

指揮支援隊の札幌市消防局は、仙台市消防局の指揮支援部隊長代行でもあるので、そうしたこともあるとは知ってはいたが、指揮支援隊長と部隊長とでは、行き先や任務が違う。

ただ、平成20年（2008年）に消防大学校の緊急消防援助隊指揮隊長コースに入校し、そのときの実践カリキュラムで、まさに指揮支援部

緊急消防援助隊の運用体制

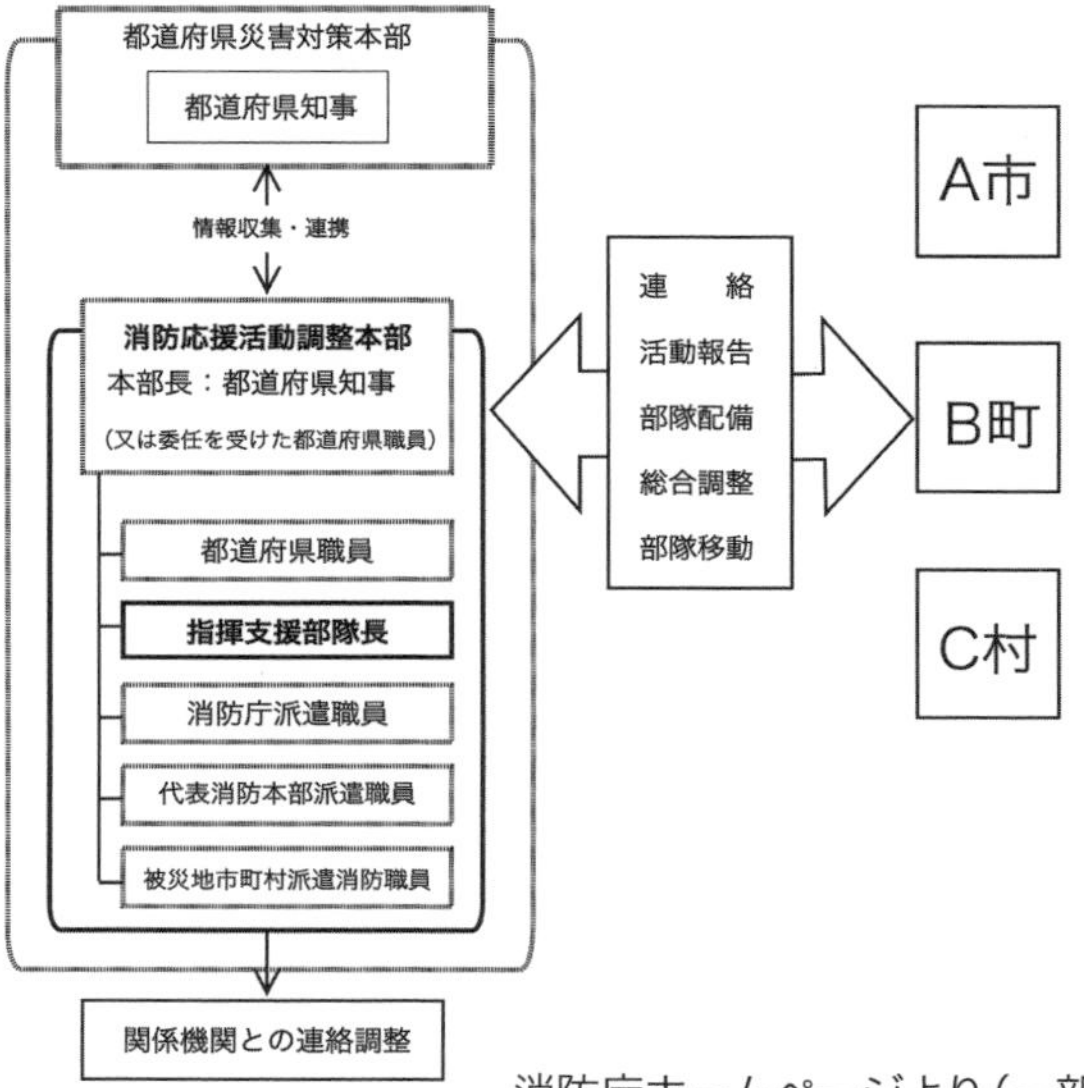

消防庁ホームページより（一部加工）

隊長を担当したので、何をすればよいかを理解していたのは幸いであった。

仙台消防の代行ということで、仙台市内にもかなりの被害があることが想像できた。

指揮支援部隊長、目指すは宮城県庁に決まった。

指揮支援部隊は、ヘリコプターなどでいち早く被災地に向かい、被災状況を把握して消防庁及び現地消防機関などと連絡調整し、現地消防機関の指揮支援を行うのである。

活動場所は、都道府県災害対策本部に設けられる緊急消防援助隊消防応援活動調整本部だ。

指揮支援部隊長は、指揮支援部隊を統括し、当該被災地に係る都道府県災害対策本部長又は調整本部長を補佐し、及びその指揮の下で被災地における緊急消防援助隊の活動の管理を行うことが任務である（緊急消防援助隊の部隊編成、緊急消防援助隊の運用体制参照）。

2　なぜ急ぐ

被災地が応援を求めるということは、地元の消防力では対応できない被害が発生しているのだ。早く出動し、早く着手しなければ、助かるものも助けることができない。

すなわち、対応が遅ければ〝防ぎえた死〟(preventable death）を増やすことになる。

現場が遠いだけで日常的に出動する災害と同じだ。

応援部隊が少しでも早く着手するためにも、指揮支援部隊の早い到着が必要だ。

札幌消防の災害派遣に関してはそうした考えのもと、過去の教訓を踏まえ組織全体で取組んできたものがあった。

東日本大震災の出動は、そうした積み重ねがまさに表れたと言ってもよい。

指揮支援隊の荷物は緊急消防援助隊の動態管理システム、衛星電話、携帯電話、パソコン、プリンター、関係資料、用紙など、コンパクトにしてもケース3～4箱になるが、こうしたものをすぐに持ち出せたのも平時からの備えがあったからだ。

〝なぜ急ぐ〟かに関しては、こうした理由もある。

国際消防救助隊（ＩＲＴ）の派遣である。

ＩＲＴ隊員の出動要請の打診において、

「今日の18時までに成田に集合ですが、間に合いますか？」

「多分行けると思いますが……」

「札幌は、遠いので無理でしょうか？」

このようになると、いつになっても国際貢献には参加できない。

ＩＲＴの派遣は、消防庁は外務省からの要請により調整のうえ決定するので、派遣該当日の登録隊員が所属する消防本部に対する正式連絡は、早くても昼ごろだ。

それから人選や航空券などを手配したのでは絶対間に合わない。

札幌消防では2度目の派遣となった平成21年（２００９年）９月インドネシアスマトラ州パダン沖地震災害への派遣においては、航空券の手配を急ぐことは当然であるが、人選についても派遣可能な職員5名を新千歳空港まで出向させ、途中、消防庁からの連絡で「1名は消防司令、２名は消防司令補以下、計3名を派遣してほしい」との正式要請に対応した。

確かあの日は幹部が不在だったので、報告と決定は電話で行い、派遣会議は1分で済ませたことになっているはずである。

派遣隊員がＩＲＴの活動服を着て日の丸がついたリュックを背負っていたことが、座席や荷物の面においても、航空会社の配慮にプラスに働いたと思う。

19時までに成田空港に集合であったが、それでも十分な余裕はなかった。

余談であるが、機内でインドネシアの地震災害に向かう旨のアナウンスがあったときには激励の拍手が湧いた。

隊員たちは任務に対する誇りと日の丸を背負う責任を深く感じたに違いない。

3　離陸

消防学校に着いたが、まだ札消ヘリが来ていない。

周りを見渡しても音も姿もない。

15分ほどすると、やっと見えた！　せっかちな自分にはかなり待たされた感があった。

松井消防局長へ派遣報告し、足早に乗り込んだ。

リュックや荷物を押し込んで乗ったはいいけど、「こんなに狭かったか？」と改めて感じた。

目的地は仙台消防の航空隊基地である荒浜ヘリポート、代替地は仙台空港。

途中、函館空港と花巻空港で燃料を補給するというフライト計画である。

11名の搭乗者と荷物の関係でそうならざるを得ないのだ。

「今日中の仙台入りはできるのだろうか」それだけが気がかりだった。

16時08分　発災から1時間22分

札幌市消防学校ヘリポートを離陸した。

札消ヘリにはこれまで何度も搭乗したことがある。

救助隊での訓練や上空視察、有珠山噴火災害でも。

それでも何か落ち着かない。

環境に慣れていないことは大きな要因であるが、一番は、向こうでのことを考えると、何もしないで乗っていることにちょっとした苛立ちさえ感じた。

目的地の仙台消防荒浜ヘリポートまで、順調にいっても5時間はかかるという。

移動時間を利用していろいろな確認や打ち合わせをしたいが、携帯電話が使えないので情報収集が全くできないし、会話もほとんどできないのだ。

松井英樹消防局長へ派遣報告する筆者

ヘッドホーンとマイクで会話はできるが操縦士の邪魔になる。ヘッドホーンなしでは大声になり打ち合わせどころじゃない。

それでも経験のある齋藤は、山田と上浦にメモを見せながら指揮支援隊のすべきことを熱心に説明していた。

齋藤の経験は心強いが、なんせぎゅうぎゅう詰めで地図を広げることもできない。

割り切るしかなかった。

4　燃料補給

出発からおよそ1時間。17時少し前に函館空港に到着した。

ＣＡＢ（Civil Aviation Bureau 国土交通省航空局）で見た映像に唖然となった。

住民は逃げたのだろうか？　消防は……？　いろいろなことを想像した。

すぐに、札幌消防へ電話を入れた。

札幌消防でもテレビ報道の情報しかないという。とても仙台消防に電話できる状況ではないだろう。

「荒浜ヘリポートがやられたって！」

ＣＡＢからの情報だ。

會木係長によると、目的地の仙台消防荒浜ヘリポートが津波にのまれ、宮城県防災ヘリコプターが流されたというのだ。さらに、仙台空港も浸水したと。

「どうする？　花巻から陸路ってこと？」

「いや、別なところを探してもらっているので、待ってください」

ここは航空隊に任せるしかない。

しばらくすると、仙台市にある陸上自衛隊霞《かすみ》の目駐屯地の飛行場が可能だというのだ。

札幌消防の航空隊が調整してくれたようだ。

「よかったー、先が見えた」

ところが、別な不安が湧いた。

津軽海峡の天候は良いが、その先に行くと日本海から雪雲が入ってきているという。

最悪は、函館に引き返すことも考えなくてならないと。

「雪雲を避けてでも飛んでくれ！」と言いたくなった。

天候には逆らえない。

判断は機長の居戸である。

こうしている間に、警防対策担当係長の鈴木が食料を調達していた。当然ながら食料も自前で持ち込まなければならない。

11人分をヘリに積み込むことはできなかったので、とりあえずの分を調達してくれたのだ。

17時36分

岩手県防災航空隊がある花巻空港に向け出発した。

函館を離陸して間もなく、北海道防災航空隊の〝はまなす2号〟が見えた。

「北海道防災航空隊にあっては津波警戒中、札幌さん、気をつけて行ってください」

と無線が入った。

この声は、札幌消防から派遣されている高橋隊長である。

天候は良好であるが、海の上を飛ぶのはどうも気が落ち着かない。

伊藤整備士の手記によると、

下北半島に差しかかると強烈な西風と小雪の中を南下した。陸奥湾に入るとさらに風雪が強まり、飛行高度を下げて継続した。あと5分飛行機しても野辺地町の海岸線が視認できなければ函館に引き返せざるを得ないと判断していたところに強い光が見え、それを頼りに飛行を継続したということだった。

陸地に入ると、一帯は停電で真っ暗だったが、渋滞の道路に光の線ができていた。

この光が飛行の目印となったことが幸いし、無事に花巻空港に着陸した。

5　決断

花巻空港では岩手県防災航空隊にお世話になった。そこで見たテレビ報道に釘付けになった。津波の凄さに驚いた。火災も起きている。

岩手県防災航空室にてテレビ報道に見入る隊員

一刻も早く行きたい。面子にかけても。

また、問題が起きた。

霞の目飛行場に駐機する場所がないというのだ。隊員を降ろすことは可能だが、別の場所に行ってくれと。

「えっ、話はついているんじゃないのか!?」

こうした状況では、話を受けた人は「いいよ」と言ったかもしれないが、向こうの中では「聞いていない」なんてことがありがちなことだ。

そうこうしていると今度は、燃料補給ができないのというのだ。

停電のため屋外タンクから給油トラックに入れることができないので、当然ヘリにも給油ができないのである。

宮城県庁のヘリポートとか、近くの公園か河川敷にでも降ろしてもらえないかと思っていたが、燃料を給油できないのではどうにもできない。

ダブルショック!

ここの建物も自家発電設備が稼動していたが、数分に1回は停電したり、パチパチしたりという感じで常に不安定な状態であった。

なんとか、今日中には着きたいという気持ちが消えない。

レンタカーも考えたが、どこにも連絡がつかない。

天候も悪化してきた。

操縦士の負担を考えると、これ以上の強行はできないと決断した。

ここは、岩手県防災航空隊と北上《きたかみ》地区消防組合のお世話になることにした。

北上地区消防組合に立ち寄ると、講堂に指揮本部を設け、現場で使う提灯型の照明のもとで、消防長以下全員がヘルメット防火衣で災害対応にあたっていた。

庁舎の外にはテントが張られドラム缶が並べられていた。燃料を確保したのだ。

そんな非常事態の中、宿営場所の手配や送迎をお願いすることになり、次第にもどかしさを覚え、出発時の意気込みは厳しい現実を前に力が抜けていく感じさえあった。

宿営場所は北上市内にある「さくらホール」という大きな建物であるが、天上材や軽量鉄骨が落下していた。それでもなんとか体を休める場所を確保できた。

ところが、

ドンドンドン、ガタガタガタ……余震だ！

寝るという状況ではなかった。

すると、

ピピーッ！ピピーッ！

笛の音、ライトの光、赤色灯。

緊急消防援助隊が集まってきた。

岩手県に向かう山形県隊だった。

6　空から見た被災地

早々に支度をして4時半頃、さくらホールを後にした。

居戸機長と、岩手県から沿岸部を通って霞の目飛行場に入るルートを確認した。

6時10分

花巻空港を飛び立つ。天候は良い。

リアス式海岸の入り組んだ部分や河口付近に、多くの浸水の跡が見られた。

気仙沼市上空に入ると、至る所で煙が上がっており、火事独特の匂いは機内でも感じた。

阪神・淡路大震災のテレビ映像と重なった。

海上には木材などが固まってあちこちに漂流している。

上空からでは、地上の生々しい状況は分からないが、一体何人がこの犠牲になったのだろうか、どこかにしがみついている人がいないだろうかと目を凝らした。

耳に入った無線に驚いた。

「○○地区は壊滅状態……」

「えっ！　どこだって？」

隣にいた齋藤と顔を見合わせた。

地上ではどんなことになっているのかと、想像しただけで気が高ぶった。

遠くに、黙々と上がる黒煙。石油コンビナートだ。

黒煙が空高く上がって火柱も見える。

おそらく付近はかなり熱いだろう、消防隊は入っている

多賀城市石油コンビナート火災（札消ヘリから）

のだろうか？

仙台平野の方は浸水がかなり内陸まで及んでいるが、高速道路が食い止めているように見えた。

7時05分

霞の目飛行場に到着した。

仙台市消防局の車両が待機していた。

またもや被災地のお世話になることになったが、ヘリで来ている以上は仕方ないと言い聞かせた。

仙台市街は阪神・淡路大震災のような光景もあるのではと想像したが、大きく壊れた建物は見当たらず不安が少し消えた。

緊急走行で飛ばしてくれるのはありがたいが、宮城県庁に着くまでずっと足が突っ張っていた。

たぶん私だけではなかったはずだ。

7　宮城県庁到着

7時32分

発災からおよそ17時間で目的地である宮城県庁に到着した。

ロビーや1、2階廊下は、ダンボールと毛布に包まる帰宅困難者で埋め尽くされていた。

2階の講堂に災害対策本部が置かれ、ざっと5、60人はいるだろうか、慌ただしさが伝わった。

ステージ前に調整本部、その隣に消防、警察、自衛隊、海上保安庁合同のヘリコプターの運行調整所が設けられていた。

宮城県の茂泉消防課長へ到着報告後、東京消防庁の五十嵐指揮支援隊長から申し送りを受けた。

宮城県庁に到着

東京消防庁指揮支援隊は消防庁とともに昨夜の21時に到着し、札幌の代行として調整本部に入り活動を開始した。霞の目飛行場に降りていたことを知り複雑な気持ちが湧いた。

消防庁からは、荒川総務課長、笹野理事官が入っていた。確か、計画では消防大学校の副校長が被災地へ入ることになっていると認識していたが、総務課長と理事官が来ていたのには少し驚きがあった。

調整本部は当初、県消防課の5名で運用し、16時には仙台市消防局から高橋総務課長以下3名が駆けつけた。

県消防課には宮城県内の消防本部から出向している職員が2名いた。

一人は、多賀城市の石油コンビナートを所管する塩釜地区消防事務組合から来ている大友技術主査。もう一人は、石巻地区広域行政事務組合の柴田技術主査である。

東京消防庁指揮支援隊との引継ぎ

仙台消防と彼ら二人の存在はとても心強かった。

発災時の県庁の様子であるが、彼らがいた5階の事務室では机の引き出しが出たり入ったりを幾度も繰り返す中、机の下でなんとか身を守ったという。

書棚からはファイルが飛び出し、壁掛のテレビは固定金具が外れ床に落下するなど、フロアーは足の踏み場もないくらい書類や物が散乱した。

揺れが収まると直ちに災害対策本部を立ち上げ、訓練に基づくスキームに従いそれぞれが行動を起こした。

仙台市消防局からの緊急消防援助隊の要請連絡を受け、消防庁に電話するも連絡がつかず、短縮ボタンで送信できるはずのＦＡＸもダメだった。

16時になってようやく電子メールで送信ができ、この時点で災害対策本部内に宮城県消防応援活動調整本部を設置した。

大津波が押し寄せる前は、内陸の消防本部で停電と窓ガラスが割れた程度で、それ以外では大きな庁舎被害がなく、各消防本部との連絡も比較的スムーズに行われていたが、16時30分頃、2回目の情報収集で想像を超える被害の大きさが伝えられたのだ。

気仙沼市では市街地の3分の2が浸水し屋外タンク貯蔵所が流されるなど、消防隊はどの現場へも近づくことができないでいた。

また、仙台空港や常磐道も浸水し、各消防本部からの情報で津波被害が甚大であることが分ってきた。

緊急消防援助隊動態情報システムが十分機能しなかったことも影響し、宮城県に向かってくる緊急消防援助隊との情報連絡が思うように取れなかった。

18時に県災害対策本部を2階の講堂に移し、緊急消防援助隊を誘導するための道路情報や進出拠点の確保などの作業を進めた。

20時頃には仙台地区石油コンビナート地域で火災が発生したとの情報があったが、詳しい内容は取れなかった。

講堂に設置されたスクリーンに仙台消防のヘリテレ映像が映し出され、津波被害の様子や火災の映像を横目に、家族の安否を心配しながら対応に奔走したのである。

そうしたところに東京消防庁指揮支援隊が到着した。21時をまわった頃である。

東京消防庁指揮支援隊が加わってからは情報収集の幅が広がり、宮城県に向かってくる緊急消防援助隊の位置情報も把握でき、部隊配備が進められていった。

東京消防庁が発災当日に到着してくれたことに心強さを感じた一方で、代行である札幌消防が到着しないことが気掛かりであったという。

札幌消防が到着後の緊急消防援助隊の動向については、消防庁長官から第1次出動指示が出された都道府県隊のうち、宮城県については、東京、新潟、富山、長野、愛知、京都、兵庫、奈良の部隊が既に出発していて、新潟県隊が石巻市で、富山県隊が名取市において12日の早朝から活動に着手していた。

災害状況であるが、大きな火災は多賀城市の石油コンビナート火災。

空から見た黒煙である。

延焼拡大中で近づくことができず、このままだと隣接のＬＰＧタンクの爆発危険があるということで、半径2キロメートル圏内の住民に対して避難指示が出されていた。

気仙沼市でも規模は不明であるが屋外タンク火災が起きていた。

このほかにも火災が気仙沼市３件、多賀城市１件、南三陸町３件、石巻市雄勝町１件あるがこれらは自衛隊情報であった。

すでに鎮火していたが、地震発生直後に女川原発のタービン建屋の電気系統から出火したという情報もあった。

上空からの感じでは、火災はもっとあると想像したが情報が来ていないのだろう。

一方、要救助者情報は、仙台市の中野小学校６００名、仙台空港ターミナル１，２００名、南三陸町ベイサイドアリーナ８００名、名取市の老人ホームに１２８名が取り残されているということである。

急がなければならない。

心配なのは、消防の通信ラインがどの程度なのかだ。

第3章　緊急消防援助隊消防応援活動調整本部

1　活動方針

引継ぎを受けた内容と、ホワイトボードに書かれていた情報を整理したのが表である。

大まかな状況は分かったが、こんなものではないはず。今の段階で、被害状況を出してくれと言っても、「詳しくは掴めていない」と返ってくるだけだ。

今、ここで必要な情報は、どこの消防本部がどれだけの部隊を必要としているのかを把握して、それを消防庁へ報告することだと判断した。

被害状況は、確認の際に大体のところを聞けばよいのである。

大きな被害を受けているのは、津波被害のあった沿岸部。すなわち、宮城県内12消防本部のうち沿岸

発災地	火　　災	要救助者	着・未	対応部隊
女川町	女川原発　タービン建屋電源盤　放射物質漏洩なし　鎮火		着手	
塩釜市	JX日興石油タンク炎上中 LPG爆発危険	2キロ圏内住民に避難指示	着手	P4隊、消防団8隊
多賀城市	運輸会社　1件			
南三陸町	平成の森他　3件			
石巻市雄勝町	1件			
気仙沼市	3件			
仙台市宮城野区		中野小学校　600名		
名取市		仙台空港　1200名		
南三陸町	総合体育館付近火災あり	総合体育館　800名		
名取市		老人ホーム　128名	着手	富山県隊

引継ぎ時の災害情報

部を所管する7消防本部に絞って確認すればよい。

確認できなければ、こっち（宮城県）に向かっている部隊を、現段階の情報をもとに振り分ける。

およそのイメージはある。

消防庁、宮城県、仙台消防、指揮支援隊の役割を確認するとともに活動方針を周知し、手分けして作業にあたった。

・必要部隊の規模、種別
・進出拠点場所の確保
・都道府県隊の詳細（隊数、人数、車輛種別等）
・被災地への誘導（道路情報）
・被害情報（火災、救助、消防力）

それと、ここに来るまでに考えていたことがあった。

都道府県隊	派遣先市町村	進出拠点	着手・未着手	内訳（P：ポンプ、R：レスキュー、A：救　急、特：特殊車両）
東京都（1次）	気仙沼市	気仙沼市営運動場	9:00　着手	指1、P2、R6、特3
新潟県（1次）	石巻市	石巻市総合運動公園	6:12　着手	指2、P5、R5、A5、特7
富山県	名取市	箱塚グランド	5:30　着手	指1、P5、R4、A3、特4
長野県	塩釜市	グランディ21	9:30　着手	指2、P7、R6、A6、特10
東京（2次）	仙台市	宮城野区　創価学会	10:05　着手	P7、R3、特10
愛知県	亘理市	亘理市　沼頭	未	指1、P2、R5、A5、特3
山梨県	岩沼市	岩沼消防署東側広場	9:45　着手	指1、P2、R3、A5、特10
神奈川県	気仙沼市	気仙沼市営運動場	未	指1、P2、R9、A5、特10
京都府	未定		未	指2、P11、R6、A10、特2
東京都（3次）	未定		未	水難4、ボート16、他10

引継ぎ時の緊急消防援助隊の動き

北海道隊をどこに入れるかだ。

札幌消防が指揮支援部隊となった以上、北海道隊には（私が決めることではないが）覚悟してもらおうと考えていた。

派遣期間が長くなると都道府県の体力、すなわち交代に影響が出てくる。

緊急消防援助隊の登録消防本部数（当時）64の北海道隊がその勢力を発揮するときである。

2　時間との戦い

10時30分　引き継ぎを完了し、東京消防庁指揮支援隊が気仙沼市へ向かった。

発災から20時間になろうとしていた。

今、こっちに向かっている部隊をどのように振り分けるか。

到着までそんなに余裕はない。

被災地消防本部へ電話をするが繋がらない。

指揮支援隊には国から携帯電話が貸与されている。それには活動に必要な電話番号が入力されていて、災害時は優先されると聞いていたが、どうにも繋がりが悪い。

繋がったと思ったら話中だ。

隣のヘリコプター運行調整班も同様に苦闘しており、さながらトラブル状態のコールセンターである。


そうしたところに仙台市消防局の渡邊主幹が来た。

彼とは、平成12年の有珠山噴火災害以来、消防庁主催の会議や緊急消防援助隊訓練、全国消防救助技術大会など何度顔を合わせたことか。その渡邊さんが来たのだ。

まさに百人力を感じた。


ところが、被災地の消防本部と話を進めていくと、「消防長に確認するまで待ってほしい」と言われ、中には連絡が来るまでゆうに半日を要したケースもあった。

挙句に「今の状態では対応できない」と。

どういうことかというと、

「拠点場所がない」

「燃料を確保できない」

「対応できる職員がいない」

すなわち、すぐには受け入れできないというのである。

目前の対応に追われているのだ。

また、道路事情が悪く、隊員は資機材を背負って2キロメートルも歩いて活動場所へ行っている。そうしたところに更に何十台もの消防車が来ても道路を塞ぐだけだというのだ。

部隊を投入しようとしても拠点場所が無いと言われれば、いくら顔が利く渡邊主幹でもどうしようもない。

調整本部はいきなり大きな壁にあたった。

まずは、拠点場所の確保である。

1～2日の応援活動であれば、拠点場所がなくても活動することはできるだろうが、訳が違う。

拠点場所では燃料の補給や器具の整備、隊員の食事、仮眠、また活動報告や翌日以降の活動方針など重要事項が執り行われるのだ。

すなわち、仮設の巨大消防署をつくらなければならないのである。

「こっち（調整本部）でなんとかできないか⁉」

敷地があるところは津波でやられ、使えるところはすでに部隊が入っている。自衛隊も入っている。民間企業の敷地はあるが連絡が取れない。トイレの問題もある。

調整本部では、あらゆる情報をかき集めて場所を探した。

そうしている間にも、長官の指示によって緊急消防援助隊は続々と東北を目指していた。

出発時に、目的地が宮城県と示されていたのは最初に指示を受けた県隊で、後から指示を受けた西日本の県隊には「行き先はのちに伝える」といったことがあったようだ。

事の状況を考えると悠著なことは言ってられないことは理解できるが、それが調整本部を苦しめた。

消防庁と調整を進める中で、最初のうちはこっちの状況を理解していただき、受け入れ消防本部の回答待ちというスタンスで進めていたが、そうした調整はすぐに必要がなくなった。

消防庁の方針が変わったのだ。

どういうことかというと、

「分かりました、回答待っています」と言っていたのが、

しばらくして、

「実は、○○県隊、○○県隊は関東を通過し、あと数時間でそちらに到着する」というのだ。

「なにーっ!!」

声がでかくなった。

まずいと気づき、廊下に出て話すこと度々。

そうはいっても、現に向かっている部隊を投入するのが私の役目である。

手付かずの地域もあり、すぐにでも部隊を投入したいが現場の混乱は想像以上だ。応援部隊の受け入れより目前のことに追われているのだ。

「拠点場所はないのか!?」

そうしているところに「もう時期到着する」と知らされるのである。

高速道路のパーキングエリアで調整してもらった県隊もあった。

こうなったら多少遠くても仕方ない。

拠点場所を内陸の消防本部にお願いすることにした。

登米市や涌谷町に掛け合った。

ところが、よい返答をもらえなかった。

津波被害はないが、どこも災害対応しており応援部隊も出しているのだ。

……それでもお願いした。

熱意、根気、顔見知り、

そうしたことが話を押し進めることにつながったのではないだろうか。

部隊の到着になんとか間に合わせることができた。

時間との闘いをこれほどまでに感じたことはなかったと思う。

京都府隊や鹿児島県隊には、進出拠点から活動場所まで片道30キロメートル以上を往復してもらうことになったが、ここは頑張ってもらうしかない。

おそらく、消防庁では12日から13日のどこかでスイッチが入ったのだと思う。

ただ、そうした国の方針が調整本部に伝えられなかったのは残念であった。

12日の朝、東京消防庁から引き継いだ時点で、宮城県に向かっているが応援先が決まっていないのは、京都と東京の第3次隊だけであった。

また、宮城県と指示されていたのはその後の北海道、富山、長野、愛知、三重、奈良、兵庫の部隊には行先が宮城県と指示されていた。

和歌山、鳥取、岡山、広島、島根の部隊はどのような指示を受け出動したのか分からないが、「のちに伝える」ということではなかっただろうか。

明らかにする気持ちなどないが、国としても「とりあえず出発してくれ！」

そうしたかたちで長官指示を発動せざるを得なかったのだと思う。

緊急消防援助隊の総動員体制だと感じた。

応援先については拠点スペースの関係上、部隊の規模が大きく影響する。

また、指揮支援隊とその都道府県隊が別れないことや大都市消防本部を含む都道府県隊が偏らないこと。

水難活動や危険物火災への対応部隊など、現場の状況や要望も考慮しなければならない。

応援部隊の受け入れ消防本部には、〝緊急消防援助隊総動員〟という国の方針を伝え、なんとか進出拠点を確保して部隊配備を進めたのであった。

12日は、８都府県３１２隊

13日には、17都道府県６１９隊の活動体制を整えることができた。

緊急消防援助隊の配備状況（発災から1週間）

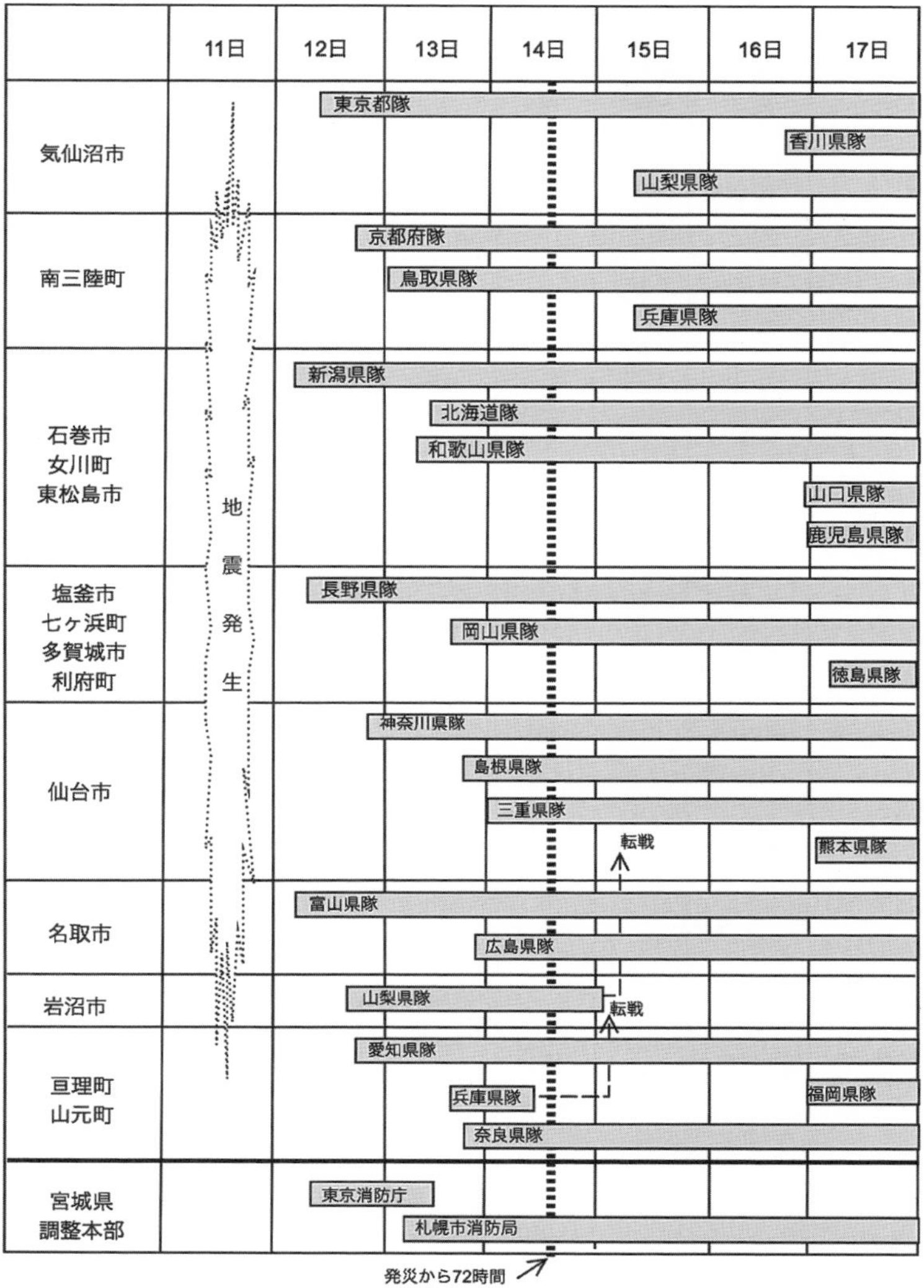

宮城県緊急消防援助隊配置表（最大３月19日）

緊急消防援助隊消防応援活動調整本部

消防本部	応援先 市町村	指揮支援 部隊長	指揮支援 隊長	都道府県隊 長	活動拠点	隊数		隊員数
気仙沼 ・ 本吉	気仙沼市	札幌市	東京都	東京都	気仙沼 市営運動場	97	131	441
				山梨県		24		90
				香川県	津谷中学校	10		44
	南三陸町		京都市	京都府	登米市 なかだアリーナ	50	137	201
				鳥取県	もくもくランド	14		58
				兵庫県	石巻 総合運動場	73		291
石巻地区	石巻市		新潟市	新潟県	石巻 総合運動場	32	144	150
	女川町			北海道		26		108
	東松島市			和歌山県		25		87
				山口県		25		107
				鹿児島県	涌谷スタジアム	36		108
塩釜地区	塩釜市 七ヶ浜町		岡山市	長野県	グランディ２１	33	83	125
	多賀城市 利府町			岡山県		35		141
	松島町			徳島県		15		57
仙台市	仙台市		仙台市	島根県	宮城県消防学校	18	135	67
				神奈川県	創価学会	57		228
				三重県	榴岡公園	31		104
				熊本県	泉消防署	29		102
名取市	名取市		広島市	富山県	箱塚グランド	22	65	85
				広島県		43		151
亘理地区	亘理町		名古屋市	愛知県	亘理消防署	58	135	226
	山元町		福岡市	福岡県	悠里館	51		168
				奈良県	山下中学校	26		100
合　計							830	3239

こうして宮城県には3月19日に最大で、23都道府県　８３０隊、３、２３９名の部隊が応援に入ったのである（宮城県緊急消防援助隊配置表参照）。

気がつけば13日の7時を回っていた。

発災から40時間になる。

3　危険が迫るコンビナート火災

多賀城市の石油コンビナート火災は、大手石油会社の仙台製油所内にある陸上出荷設備からの火災と分かった。

宮城県の大友主査は懸命に情報収集にあたったが、事業所職員が避難して連絡が取れないうえ、石油コンビナートを管轄する塩釜の消防から、道路が瓦礫で寸断され消防車が接近できないというのだ。

すなわち、どのような状況になっているのかが分からないのである。

半径2キロメートル圏内の住民に対して避難指示を出しているとはいえ、出火から24時間になろうとしているが未だ対応不能である。

調整本部内に不安と緊張が漂った。

宮城県災害対策本部長である村井知事もこの火災を憂慮していた。

大友主査は小野寺危機管理監に随行し知事に状況を報告すると、彼は石油コンビナート火災の消火に専念することになった。

問題は、消防車両が近づけないことだ。

大友主査はどうにかして消火活動にこぎつけられるよう連絡調整に奔走したが、なかなか突破口が見出せないでいた。

そうしたところに力を発揮してくれたのが、自衛隊ＯＢの小松危機管理企画専門監だ。

ここは最大の機動力を持つ自衛隊に頼るしかない。

小松専門監が陸上自衛隊東北地方方面隊をはじめ、各方面に足を運び協力を依頼してくれた。

その結果、救援物資や救助資機材の荷揚げを担当していた部隊の協力を得られることにたどり着いたのだ。

14日になって自衛隊による進入路が開削され、事業所による供給バルブの閉鎖作業が開始された。

消防部隊も現地確認して、車両部署位置や放水隊形などの戦術を決め、ようやく消火活動に入った。

それでも簡単には近寄れず、危険を抱えながら夜通しの消火活動が行われた。

火勢は３月15日の14時30分に鎮火した。

最悪の事態は回避した。

4　機動力

12日朝、我々を霞の目駐屯地飛行場に降ろした札幌消防航空隊は、自衛隊の配慮により燃料の供給を受け、その足で仙台市の中野小学校に向かった。

屋上に多くの人が孤立しているという。

情報では６００名だ。

全員を屋上から救出するにはどれだけの時間がかかるのか、急がねばならない。

航空係長の會木に不安が入り混じる。

航空隊員になってまだ半年の篠原は、とてつもない不安と重圧を感じた。

篠原の回想によると、まず目に飛び込んできたのが、逆さの状態で校舎に衝突していた家だ。信じられない光景で、言葉にならなかった。

上空到着後、校舎と川の間にある道路に着陸を試みたが、ヘリコプターのダウンウォッシュで周辺の瓦礫が舞い上がった。

メインローター（回転翼）に瓦礫がちょっとかすっただけでも重大な危険が及び、飛行ができなくなるため着陸を断念した。そこで校舎の屋上に、降下長である會木係長と篠原がホイスト（救助用ウィンチ）で降下し、情報収集を行うことにした。

降りてみると、およそ大人４００名、子供１００名がいた。これだけいると、我先に救助を求める人がでて、現場に混乱をきたすのではないかと懸念があったが、教頭先生の仕切で秩序が保たれていたのが印象的だった。教頭先生と協議して、優先順位は、負傷者、高齢者、幼児、健常者の順番に救出することを決定した。

まずは、全身に熱傷を負った女性である。

その女性は、暖の取れない校舎内で一夜を過ごし、少しでも体温を保つためゴミ袋を上半身に被っていた。ホイストで機内に収容すると身体を震わせ、泣きながらずっと自分に抱きついていた。どれだけの恐怖を感じたのか、胸が締め付けられ目頭が熱くなったが、５００名のうちまだ1人目だと自分に言い聞かせた。

大津波警報が発令され、隣接する川の水が引いていくのが分かった。救出中にまた津波が押し寄せるかもしれないという不安を抱えながらの活動だった。

屋上では、毛布で寒さに耐えながら、泣きじゃくっている小学生の女児もいた。

「頑張ってね！　今助けるからねー！」と、そのぐらいのことしか声をかけることができなかった。後になってみれば、もっと違う声かけができたのではないかと反省するが、そのときはただただ必死だった。

避難者の中には夕張市出身の方がいて、機体の底に書かれた「札幌消防」の文字を見て、「ふ

ホイスト救出する札幌市消防航空隊

るさとの北海道から救いの手が来た」と感激したそうで、のちに感謝の手紙をいただいた。それと、ヘリが札幌から来たことを知って驚いていた人が何人もいた。

3回のフライトで8名を吊り上げ救出したが1時間半もかかった。今日一日では全員救出できないかもしれないという思いがよぎった。

隊員皆が、「なんとか着陸して効率を上げなければならない」と考えていたところ、瓦礫が散らばる川沿いの道路の一角に着陸可能な場所を見つけた。

操縦士の居戸、副操縦士の川去、整備士の板東の３人の意見が一致した。

なんとか着陸に成功した。

それからは一度に10名ほどを乗せることができ、効率が大幅によくなった。

サンダルを片方しか履いていない方、裸足にビニール袋を巻きつけた方、着のみ着のままで津波から逃げたことが想像できる避難者が多数いた。足腰が弱い高齢の方は、隊員２人で抱えて機内へ搭乗させた。

救出先の霞目駐屯地までの飛行中、変わり果てた地元の景色を見て涙する人。あえて目を伏せて見ないようにする人。そうした被災者を間近で目にすると胸が締め付けられる思いがした。

最後に救出した教頭先生や町内会の方から握手を求められたときは、一つの任務を達成したことを深く実感した。

中野小学校では、15時までのおよそ7時間半で１６８名を救出した。

霞目駐屯地で燃料給油中、つかの間の休憩を取り自衛隊から飲料水、仙台市消防局からおにぎりの提供を受けた。前日の夜にパンを1個食べて以来の食事だった。このときのおにぎりの味は一生忘れられない。

すぐに、荒浜小学校に孤立した避難者２００名の救助要請を受けた。

今度は、小学校のほど近いところに津波で流された住宅の基礎部分に着陸でき、10名ほどを徒歩で機内に乗せて、霞目駐屯地への救出を繰り返し行った。

活動途中、福島原発が爆発したという衝撃的な情報を無線で聴取し、不安を抱きながらの活動だったが、この時は目の前の要救助者を一刻も早く救出することに専念しようと心に決めたのを覚えている。

荒浜小学校の救助活動は、およそ2時間で70名を救出した。

活動終了時には日没となっていた。

この日の総飛行時間は、8時間27分。札幌消防の航空隊が救出した人員は合計で２３６名であった。

こうした話を聞き、もし、もう一日遅かったらどうなっていただろうと想像すると、ヘリを持った消防の機動力に感謝と誇りを感じたのであった。

5　北海道隊の出動

北海道隊の動きが気になっていた。

早く来て欲しいという思いがあるが、津波の影響でフェリーが使えるのだろうかという心配があった。

通常であれば、苫小牧港から仙台港の航路になるが、津波の影響で太平洋側の港は使えないだろう。となると、小樽港から新潟港になるが、それでは陸路の移動に相当時間がかかる。

どのようにして、いつ来るのかが気がかりであった。

北海道隊の応援先は石巻市と考えていた。石巻方面には手つかずの地域が多いことと、人命検索など活動が長引くのは石巻市になるだろうと想像していたからだ。

札幌消防が指揮支援部隊を務める以上、北海道隊には終盤まで頑張ってもらいたいという気持ちがあった。

また、北海道隊の移動はフェリーを使うということにもその理由がある。

それは、他の都府県隊とは異なり、移動中に十分な休息が取れるのだ。そして、隊員を一堂に集め、事前確認など意思疎通を図ることができるという利点がある。その分現場活動は多少の負担があってもよいと考えていた。

北海道隊が本州へ応援する際のフェリー移動に関しては、毎年実施される東北・北海道合同訓練でのノウハウがある。

私も４回ほど参加しており、隊員には、当日の訓練も大事だが、北海道隊は移動することが訓練の第一目的だと言っていた。それは、高速道路のサービスエリアやどこか途中で合流し、さらにはフェリー乗り場での合流で北海道隊となるなど、指定場所や指定時間に確実に到着しなければならず、所属を出るときから訓練が始まるのだと。

また、フェリー乗船中の会議やミーティングは現場活動のための貴重な時間でもあった。

「フェリーで移動、楽でいいね」と思われる。

確かに、全てを車両で移動する他の部隊とは相当の負担差があるが、その分現場で発揮できるのだ。

心配なのは、第一陣の到着がいつになるかだ。

私がそうこう考えている頃、やはり消防局では派遣部隊をどのように送り出すかに追われていた。

担当の三浦はフェリー会社と交渉にあたった。

航路は太平洋側と日本海側合わせて8ルートあるが、苫小牧港も函館港も閉港になった。

小樽港は可能であるが行き先は新潟港になる。

「なんとか、小樽から秋田へ運んでいただけないでしょうか、少しでも早く行かなければ……」

彼女の懸命な説得がフェリー会社を動かした。

小樽港から秋田港への臨時便を運行してくれることになったのだ。

ただその便には自衛隊や警察も乗船することになり、第一陣は15隊64名と決まった。

北海道隊は12日19時50分に小樽港を出港し、丸一日要して進出拠点の石巻総合運動公園に到着した。

6　燃料手配せよ！

緊急消防援助隊の受け入れにおいて、消防車両の燃料問題があった。

被災地の消防本部でも給油可能なガソリンスタンドを探しており、塩釜地区ではほとんどのガソリンスタンドが壊滅的状態である。

緊急消防援助隊の燃料は帰りの分もそれなりに必要で、燃料の手配は喫緊の課題である。

指揮支援隊の酒井にその重要任務を命じた。

「このままでは、２日後には緊援隊の車が動けなくなる。なんとかして手配してくれ！」

リストにあったスタンドの４割は閉店し存在していなかった。

ここから酒井の苦闘が始まった。

消防本部から最新のリストを入手し地図に落とした。この中の何件かでも対応してもらえれば解決するだろうと気持ちが軽くなった。

ところが、

「１台10リットルまでなら、なんとかする」

「指定の給油券がなければダメだ」

「本当に消防？　信用できない」

「手動なら入れることもできるが、資格者がいない」

「真夜中に来るなら入れてもいい」

などといった回答だ。

給油可能なスタンドは日中長蛇の列ができていた。

「10リットルならいいよ」と言ってくれても、長蛇の列を押しのけて消防車の列をつくるわけにはいかない。

過酷な状況の中で活動している隊員に「真夜中に行ってくれ」とも言えない。

内陸の離れた場所には給油可能なスタンドはあるが、往復の消費や掛かる時間を考えると適当ではない。

１件１件あたったが、先が見えなくなっていった。

緊急消防援助隊の１日当たりの必要数はざっと、ガソリン１万５千リットル、軽油１万２千リットルとはじき出していた。

酒井は喫煙場所で意気消沈していた。

「さっきから、顔色がどんどん悪くなっているけど、からだ、大丈夫？」

「えー、部隊の燃料が切れそうなんですが、手配ができなくて……」

「それなら、自衛隊の燃料回すよ」

「えっ！　いいんですか」

酒井に光が差した。

ただ、消防がタンクローリーで自衛隊に行くか、自衛隊がガソリンスタンドのタンクに入れるという条件がついた。

緊急消防援助隊には、消防庁から貸与されている燃料補給車があるが、この時点で現地に来ていたのは、気仙沼に入っている東京都隊の1台であった。

札幌も貸与を受けていたが、北海道隊の第1陣ではフェリーに載せることができなかったのだ。

フェリーは通常運行していない航路であったことや、そこに自衛隊や警察車両も乗るというので燃料補給車は別便としたのである。

そうしたことから、自衛隊のタンクローリーでガソリンスタンドの地下タンクに入れてもらうことで、スタンドに掛け合った。

ところが、また問題が起きた。

「自社以外の油を混合することはできない」というのだ。

それでも一つひとつあたっていくと、「いいですよ」と言ってくれたスタンドを見つけることができた。

2日目になって酒井がきた。

「手配できました！」

「おー、やったか」

早速、自衛隊にお願いに行った。

「そうした話は聞いていない」と言われた。

話をしていた人が見当たらない。

交代していたのだ。

こうした状況の中ではありがちな話である。

このとき、すでに動けなくなった消防車両が何台か出ていた。

その後、緊急消防援助隊の燃料補給車が5台現地入りしたのを確認し、なんとか補給を繋いでもらった。次第に夜間に給油できるスタンドが現れ、拠点場所に戻る途中で給油することができた。

そして、自衛隊からも協力をもらえることになり、県内5箇所の駐屯地において、緊急消防援助隊と地元消防本部の車両も供給を受けることができたのである。

その後は宮城県が引き継ぎ、あのコンビナート火災があった事業所からの供給を受けたのであった。

酒井は特別高度救助隊の副隊長で、本来は外で力を発揮する立場であるが、こうした難題を経験したことは貴重な財産になったはずだ。

燃料を小分けして各隊に供給する後方支援隊

7　被災地支援は我々の使命

13日の未明だったと思うが、兵庫県隊の県隊長から電話が入った。

「どこでもよいので、活動させてほしい」というのだ。

びっくりした。

兵庫県の震災活動記録によると、兵庫県隊は11日の夜に宮城県に向け出発したが、12日３時59分、群馬県栄村で震度６強を観測する地震が発生したことを受け、消防庁の指示で群馬県に向かった。

情報収集するも活動の必要がなく、次に福島県に向かうよう指示を受け、郡山市に向かったがここでも活動の場面がなかった。その後、宮城県の調整本部から山元町へ行くように指示を受けたとのことであった。

13日の朝方に県隊長が調整本部に来て「被災地のために何とか頑張りたい」「このままでは帰れない」と熱く話をされたと記憶している。

兵庫県隊は大部隊で機動力もあり、被害の大きい南三陸、石巻、女川方面に入ってもらいたいと考えたが、南三陸町や女川町は消防署も壊滅的被害を受け、受入の調整がつかなかったのである。

12日から13日にかけての出来事は前述のとおり、まさしく調整本部が時間と戦っていたときで、消防庁、県隊、調整本部との連絡がうまく取れなかったのだ。

そうしたことがあり、兵庫県隊には山元町方面に入ってもらったが、そこは被害を受けた地域の多くが浸水状態で、すぐに着手できる状況ではなく、翌日になって南三陸町に転戦してもらうことになったのである。勿論、地元消防本部との調整であることは申し添える。

さらに兵庫県隊は、県隊を2分する形で塩釜地区と山元地区の活動にも回ってもらった。

そうしたことで、兵庫県隊には大きな負担をかけたが、県隊長の意気込みというか被災地への恩返しの気持ちが、こうした転戦、転戦にも快く対応してくれたのだと、調整本部としても頭が下がる思いであった。

後になって、神戸市消防局は「被災地支援は我々の使命」をスローガンに掲げて応援に向かっていたことを、神戸市が発行した派遣記録で知ったのであった。

8　惨事ストレス（PTSD）

災害対策本部の実務を取り仕切っているのは、宮城県の小松危機管理企画専門監だ。

実務者レベルの会議は、宮城県、宮城県警、自衛隊、海上保安庁、消防、医療関係など必要に応じた機関が加わり定期、不定期に開催され情報の共有を図った。

最初に確認したことは、「救助される側は誰（どの機関）に助けられようと関係のないこと」を共通認識として、宮城県における活動方針としたのである。

また、宮城県警からこうした要望があった。

死亡判定は検死官または医師であるが、現場において一見して死亡と判別できる場合には、その方をいつ、どこで、どのような状態で発見したかという情報を記載して、添えて欲しいとのことである。

どういうことかというと、少しでも早く本人を特定し、家族のもとへ渡すことにつながるというのである。

あるとき、小松専門監が、

「遺体の搬送がね……消防さんは大丈夫？」と言うのである。

ピンときた。

津波に流された人はどれだけダメージを受けているのかと想像する。

ご遺体の発見場所は道路から遠く、瓦礫の中や土砂に埋もれている。

そうした生々しい姿を目にすると、いくら強い使命感を持っている隊員とはいえ精神的負担がないわけがない。

消防職員は、若いときから様々な事故現場を経験するが、他の機関にはそうした場が極めて少ない。

いきなり悲惨な現場に直面したのだ。ショックを受けた隊員がいるのだろうと察した。

消防の現場からはそうした話は届いていないが、全ての消防職員が慣れているわけではない。

ここに来ている間は、一人でも多くを助けたいという気持ちが張り詰めているだろうが、地元に戻ってから被災地の映像を目にしたときなど、後になってからのことが心配になった。

すぐに札幌消防へ連絡し、惨事ストレス対策を準備するよう依頼した。

9　重責

発災から3日目の14日のことである。

部隊の応援先が落ち着いた矢先、消防庁から全都道府県隊を投入するとの方針が伝えられ、宮城県にはさらに6県の部隊が入ることになり、その対応に追われていた。

そうしたところに、国際部隊の受け入れと、災害救助犬団体からの申し入れがあり、私はその調整にあたっていた。

「原発が爆発したらしいぞ!?」

「えーっ！」

11時01分、福島第一原発3号機で水素爆発が起きた。

大型テレビの周りに人だかりができ見に行くと、建物から白煙が上がっていた。かなり遠くのカメラ映像で、建物の損壊程度は分からず、ましてや原発がどうなったのかも。

「この先どうなるのだろう?」という程度の気持ちで見入っていた。

そのとき、
宮城沖で潮位が5メートル下がったって！」

「えーっ！　どういうことだ？」

自衛隊からの情報だという。

すると、県内を移動中の消防隊からも同様の情報が送られてきたのだ。

「なんで!?」

この時点でも半信半疑だった。

極め付けは、テレビに〝大津波警報！〟が出た。

「連絡だ！　手分けして連絡しろ！」

「退避だ、退避させろ！」

私の声で、周りが一斉に散った。

海岸沿いで活動している部隊は少なくないはず。何としても二次災害は避けなければならない。

消防無線で指揮支援隊、都道府県隊を呼び出すも、遠方の隊には届かないのか、応答がない。

原発の爆発報道にテレビ前に集まる災害対策本部員

指揮支援隊の携帯電話も衛星電話も繋がりが悪い。

騒然となった。

「○○県隊避難済み」「了解」

「○○県指揮支援隊、繋がりません！」

「消防本部に連絡しろ！」

防災行政無線で消防本部に連絡し、「緊急退避」を伝えるよう要請したが、

……どこまで伝わったのか？

「地震は起きていないのに何故だ？　波が引くということは……？」

などといろいろなことを想像しながらも、確認が取れないことに焦りが走った。

このとき宮城県では６１９隊、２，４５５名の緊急消防援助隊員が活動していた。

活動隊が退避したことを全て確認したのは、およそ1時間後であった。

「誤報」と判明した。

情報に振り回されたが、都道府県隊を統括する責任の重さを改めて感じた一幕であった。

発災から70時間になる。

10　海外救助チームの受け入れ

3日目の14日、原発が爆発した日である。

「海外救助チームを受け入れてほしい」と消防庁から連絡が入った。

これだけの災害である。当然諸外国からの申し入れが多数あるのだろうとすぐ理解した。

私も、若い時に国際消防救助隊員に登録していた期間があり、被災国に派遣の機会があれば是非行って、そこで活動したいと常々思っていた。

派遣や受け入れに関しては外務省マターと認識していたが、ここで（調整本部）でやってもらえないかというのだ。

無理だ。

話によると、連絡なしに入り込んでいるチームや警察筋で入ってきたチームがあり、外務省でも統制が取れていないようである。

海外チームの活動については、外務省のリエゾン（調整官）が動くことになっている。

現地活動調整センター（OSOCC）や政府の現地対策本部（LEMA）が立ち上がる。そうしたスキームはできているはずだ。

通訳、移動手段、宿営場所、事故時の対応などいろいろな問題がある。

今、ここでできることは、海外救助チームが活動できそうな地域の情報提供と現場の指揮支援隊との調整くらいである。

この日は、消防庁から全都道府県隊の投入が伝えられた。

原発の影響も出てくるだろうし、そっちの情報収集も必要だ。災害救助犬の受け入れもきているし。

やらねばならないことが山ほどある。

指揮支援隊の手が足りず、札幌消防に増員を要求したくらいだ。

加えて、津波の怪情報があったばかりで、まだ気持ちが高ぶっていた。

そこで、この件は消防庁の笹野理事官にお願いした。

理事官はここの状況をよく理解している。

電話の相手は分からないが、熱く説明する様子が伝わった。

次第に声が高ぶり、ついに激昂した。

皆驚いた。

すると、その日のうちに政府の緊急災害対策本部から関係省庁あてに通知がなされた。外務省に海外支援受け入れタスクフォース（任務遂行部隊）が立ち上がり、海外隊の世話はリエゾン（調整官）を配置し、大使館員も同行することとなった。

なぜ、最初からそのようにやれなかったのか……。

調整本部は、海外チームの活動が可能と思われる地域の情報を提供し、指揮支援隊には現場に入る海外チームの情報を伝え、後は現地にお願いした。

全体で22の国・地域から救助チームと専門家チームを受け入れ、宮城県には15カ国が入った。

現在、海外救助チームの活動に関しては、国際的ルールの中で国際捜索救助諮問グループ(International Search and Rescue Advisory Group：INSARAG）が行う評価において、高い格付けを受けなければ効果的な救助可能な活動サイトに割りあてられないので、加盟する国に対しは、救助技術は勿論のこと、派遣や受け入れ態勢も含めしっかりしたシステムが求められている。

ちなみに、日本は最上位の「Heavy」認定を受けており、こうした問題は改善されたと思う。

11　迫る72時間

発災から72時間というと、3日目の14日14時46分である。

一般的に、人が飲まず食わずで、生き延びられる限界が72時間とされている。ただ、そのときの天候などが影響し、良い条件が整えば1週間も生きられるというが、逆も然りである。

阪神・淡路大震災でも救出された人の生存率をみると、3日目以降は急に低下している。

当時、三陸沖には低気圧があって、気圧の谷が通過する影響の中で津波災害が発生した。

そして、寒気の吹き出しと降雪を伴った冬型の天気が続いたのだ。

石巻市の最高気温は、3月11日は6度、12日は8度で、夜間は氷点下まで下がり雪が積もった。

そうした中で、地元部隊は発災直後から不眠不休の活動で多くの人を助けた。

一瞬を逃すと助けることができなかった場面もあったはずだ。

応援部隊の到着で「九死に一生を得た思いだった」と述べた消防長の言葉からして、私の想像をはるかに超えていたと思う。

13日までの報告では、ヘリにより2日間で842名を救出、地上部隊も各地区を合わせると、仙台空港からの５００名を含み2日間で８２０名を救出した（救出人数は日報による）。

これらは孤立した建物や地域からの集団的救出であるが、13日には塩釜地区の倒壊建物で、発災からおよそ48時間後に女性1名を救出したという報告があった。

こうした事例を聞くと、他にも孤立して発見されないでいる人とか、押し流された家の中で助けを待っている人がいるのではないかと想像した。

しかしこの寒さではそうした可能性はどんどん低くなる。

緊急消防援助隊も懸命の検索を続けている。

最前線の部隊には「ここが正念場だ、頑張ってくれ」と願うだけであった。

消防ヘリと防災ヘリはその機動力を活かして多くの人を救出したが、その後は悪天候で飛行ができない日があった。

そうしたことを考えると、直後からヘリによる救出ができたことは大きな救いであった。

石巻市では4日後の15日になって住宅の2階から20代の男性が救出され、さらに9日経った20日には、80歳の女性と孫の男子高校生が警察官によって発見救助された。

こうしたことがあるから絶対諦めてはならいらないのだ。

12　体力の消耗

深夜に県隊長から電話が入った。

「明日の朝には着きます」

「ちょっと待って……」

私が言ったのは、早く着きたい気持ちは分かるが、このまま移動を続け、着いてすぐ活動に入ると隊員が持たないのではないか。だからといって、「今、着いたので休ませてほしい」と申し出るより、途中でしっかり休んでから入ってはどうかと。

この電話を受けたときは、緊急消防援助隊の配置が全て完了し、交代が始まった時期であった。

長い移動で神経も体力も相当疲れているはず。事故も心配である。

部隊の体力を整えてから活動に入って欲しいとお願いしたのである。

宮城県に入った遠方の部隊は、福岡県隊、熊本県隊、鹿児島県隊、徳島県隊、香川県隊。

途中何度か野営をしなければならない部隊ばかりである。

鹿児島県隊を例にとると、3月14日の15時過ぎに鹿児島県を出発。途中、広島県消防学校、京都市消防活動センターを経由し、16日の深夜1時頃に静岡県消防学校に着いた。その日の深夜23時過ぎに栃木県の那須高原のサービスエリアに到着して3回目の野営を経て、17日の昼に石巻市に入ったのだ。出発から68時間を要した。

大部隊であってもバラバラでの走行はできない。燃料の給油だけでも相当な時間を要するはずだ。食料などの調達もある。

出動途中、消防学校で休むことができればよいが、テントで野営した県隊も少なくない。

本来の活動を開始するまで、隊員の体力や部隊としての体力もかなり消耗したはずだ。

被災地へ向かう大部隊の車列

利尻礼文消防事務組合からの派遣も紹介したい。

組合からは隊員だけの派遣となった。

3月25日夕方、苫小牧港から出る北海道隊第5次派遣隊員である。

天候を考慮して、23日の朝一のフェリーで稚内市に渡り、その日に道北ブロックの代表である旭川市消防本部に入った。

翌日、第5次派遣の道北部隊と合流し合同訓練を実施した。

25日旭川市を出発して、夕方苫小牧港で他隊と合流し北海道隊を編成した。

19時50分苫小牧港を出港、翌朝秋田港に到着。

石巻市の進出拠点に到着したのは26日夕方であった。実に80時間かかった。

ちなみに、岩手県には佐賀県隊、長崎県隊、沖縄県隊が

雪が解けない野営地（石巻市総合運動公園）

入った。

雪の峠を越えなければならない県隊があると知って、「沖縄の部隊が雪道を走れるのか！雪降る中で活動ができるのか!?」と消防庁に苦言を呈したことがあったが、緊急消防援助隊を総動員するという方針がそうした応援となったのであろう。

スタッドレスタイヤでの走行や雪が舞う中での活動など初めてのことが多く、思うように動けなかった隊員もいたのではないか。

石巻市の野営場所で、南方からの隊員が「どんなに着込んでも寝られなかった。でも大丈夫です。頑張ります」と言ってくれたが、疲れた様子が見てとれた。

一方で、調整本部要員の体力も心配になった。

調整本部に入ってからは昼も夜もない。３日目も全員フル稼働である。

地元の職員も指揮支援隊員も、ここに詰めている者は皆休んでいないというか、寝る間がないのだ。

拠点探し、燃料手配、部隊誘導、情報収集、データ集計、活動報告、……次から次へとやるべきことがある。

最前線で活動している隊員たちとの環境は比にならないが、決して楽とは言えない。

「休むのも大事だ」と言っても、

「大丈夫です、休んでください」と言うが、辛そうなのは見て分かる。

黙っていると落ちそうになる隊員が何人かいる。

いくら若くても気力だけでは続かない。

交代で休むようにした。

13　原発事故対策

小松危機管理専門官の言葉に衝撃を覚えた。

爆発から3日目の朝、トイレで二人になったときである。

「田岡さん、原発事故、かなり深刻かも」

小声で言うのだ。

「えーっ！」

それに、県の原子力担当課にも何も情報がきていないと。

上空から消火にあたった自衛隊筋の情報ゆえに信憑性が高い。

爆発の映像を見たときには、チェルノブイリを想像したが、「まさか？」と思っていた。

爆発の影響がどの方面にどれだけ及ぼしているのか、……本当に情報がないのだ。

その日の午後になって、県南の山元町、亘理町方面に入っている緊急消防援助隊から電話が入った。

「福島に入っている部隊は退避しているそうだが、我々はどうするのか？」と言うのだ。

早速、福島県の千葉市指揮支援部隊に確認すると、15日までは退避したが、30キロメートル圏外で活動しているという。

原発に関して詳しい情報は得られなかったが、活動部隊に対しては最低限の装備、防護対策は必要である。

その時点で言えたことは、ゴーグル、マスク、感染防止衣服等を着用し、休憩は車両か建物の中とする。また、線量計による監視を継続した中で、地元消防本部と協議のうえ活動にあたることとして、宮城県緊急消防援助隊としての活動上の留意事項を周知した。

ただ、宮城県からは、そうした目立った格好はやめてほしいとの申し入れがあったが、線量計以外は日常的な装備であることや、ツナギの防護服を着るわけでないことを説明して、納得をいただいたのである。

また、サージカルマスク、N95マスク、ゴーグルを調達することができ、緊急消防援助隊の受援消防本部を通じ支給することができた。

14　インフラ整備

宮城県庁の講堂に入って「おやっ？」と感じたことがあった。電気や無線の配線がほとんど気にならなかったことだ。一部配線が束ねられていたが、歩くスペースには何もなかった。

講堂にはテレビアンテナや消防無線、防災行政無線の端子があり、無線ランやプリンターの共有など情報通信のインフラが整備されていた。

また、宮城県では、昭和53年の宮城県沖地震があった6月12日を〝県民防災の日〟として訓練を実施しており、デスクやホワイトボードの配置はその訓練どおりだという。だから5階からの移動も短時間で行えたのだ。

事前対策のレベルが違うと感じた。

これまでの災害派遣で、通信連絡や事務処理などがスムーズにいかないことは何度も経験した。

そうしたことは作業を増やしストレスを蓄積させ、時に大きなミスを招くことにもなるのである。

平成12年の有珠山噴火災害を思い出す。

あの時は伊達市役所に「ミニ霞が関」ができた。

平成10年に設けられた国の危機管理機構が初めて動いた災害であったと記憶しており、伊達市役所には内閣官房をはじめ関係省庁が詰めかけ、占拠されたかのような状況であった。

会議室や議員控え室は全て関係機関で埋め尽くされ、議場はプレスセンターであり記者会見場となった。

廊下にはダンボールで囲った作業部屋で寝泊まりしていた報道関係者があちこちにいた。

屋上にはアンテナが何本も立ち、室内、廊下、階段にケーブルの川ができた。

電源を確保するために、してはならない配線や粘着テープで束ねたり、ときには配線を引っ掛けて外れたりするアクシデントもあった。

情報は電話とＦＡＸでやりとり。それをワープロで整理していたが、最前線から送られる報告は指揮支援隊を経由しＦＡＸのＦＡＸである。

書かれた文字や数字が読めず、何度も発信元へ電話確認していたことを思い出す。

調整本部にあたる消防の応援本部は、北海道現地災害対策本部の一角に設けられ、スタッフは札幌消防の３名と北海道防災航空室の２名で対応し、しばらくはパイプ椅子を並べて仮眠していた。

当時は、手間がかかる作業も「災害時はこんなものだ」と割り切っていた。

のちに電話会社から提供を受けたモバイル通信機器を活用することができ、スピードや能力

５Ｗ型消防無線（全国共通波）

は現在の比ではないが、パソコン処理によって情報処理は格段に向上した。

宮城県庁における災害対応に係る設備はしっかり整備され十分機能していたが、何しろ、周りの無線アンテナや携帯電話の中継施設が破壊され、そもそもの情報連絡のやり取りが困難になったのである。

現場で何が起きているのかを知ることは、投入する部隊や戦術に欠かせない。

何をしたかということは、次の戦術や対策を考えるうえで重要である。

特にリアルタイムでなければならない情報は現場活動に大きな影響を及ぼす。

通信施設のダメージが及ぼす混乱をまざまざと思い知らされた。

宮城県緊急消防援助隊 消防応援活動調整本部

15　責務

東日本大震災では多くの消防団員、消防職員が犠牲となった。消防庁舎、消防車両、機械器具も壊滅的被害を受け、本来の消防力を失い活動を維持することができなくなったのだ。

緊急消防援助隊の応援活動は、そうした被災地の消防力を補完するという側面もあった。

市町村はその区域の消防を果たす責任があると定められているが、大規模災害などで自らの消防力では対応できないときには、応援を求めてその消防責任を果たすのである。

緊急消防援助隊は、被災地首長の求めに応じ88日間の応援活動を行った。

形は違うが、平成12年の有珠山噴火災害においても、地元町長の求めに応じた長期の応援活動が行われた。

3月31日の大噴火が収まり、やがて小康状態になると、避難住民から一時帰宅の要望があがった。

災害対策本部では、万全の警戒体制のもとで実施することを決定し、消防、警察、自衛隊、海上保安庁、気象庁、そして火山学者など関係機関連携による警戒体制のもとに一時帰宅が実施された。

安全性が高いカテゴリーから段々と拡大していき、一時帰宅は何日にも及んだ。

そうした警戒体制は地元の消防力のみでは実施できないので、町長は応援を求めたのである。

応援体制が解除されたのは８月11日で、実に１３６日間に及ぶ消防応援であった。

この長期に及ぶ警戒活動にはもう一つの理由があった。

平成３年の雲仙・普賢岳である。

最初の火砕流発生後、しばらくして、危険とされる区域へ火山学者や報道関係者が出入りしたことで「大丈夫」という空気が流れ、そこに入った人たちを警戒するために入った消防団員や警察官など、多くが火砕流の犠牲となったのだ。

有珠山では、この事例を教訓に警戒体制や部隊の縮小を慎重にしたのである。

こうした応援活動が長期化していくと様々な要望や意見が出てくる。

確かに、法令の解釈では説明が難しい状況がある。

派遣元の消防本部や県から「いつまで続くのか」といった問い合わせも何本か頂いた。

広域化により組織が大きくなったとはいえ、地元を守るだけの消防力である。

それでも、なんとかするのが消防、頑張るのが消防、底力を発揮するのが消防だ。

ある記録誌に『後世に残しておきたい貴重なエピソード』として書かれていた。

「住民からのニーズがあれば、それは私たちの仕事です。法に照らし合わせ、どう断るのかではなく、どうしたら消防の仕事になるのかを考えるべきだと私は思います」と言った緊急消防援助隊の隊長の言葉が紹介されていた。

これを知ったとき、熱いものが込み上げた。

この隊長のもと、隊員たちがどのような想いで、どんな活動をしたのかが浮かんできた。

また、札幌に帰ってから知った話である。

野営地から活動場所に向かうときに、おばあちゃんとお孫さんと思われるお子さんがいつも避難所の前で手を振ってくれ、現場から帰ってくるときも手を振ってくれた。

隊員たちも手を振って応えた。

次の日も。次の日も。

そして最後の活動が終わり、引き揚げるときも手を振って見送ってくれた。

そのとき、お子さんが手に持っていたダンボールの切れ端を両手で高く持ち上げると、そこには、

「しょうぼうさん ありがとう」と書かれていた。

隊員たちは涙が止まらなかった。

まだ多くの人が行方不明なのに一人も発見することができず、被災地をあとにすることへの悔しさと申し訳ない気持ちでいた。そうしたところに、このメッセージを目にしたのだ。

被災した人たちのことや活動を続けていく地元のことを想うと、自分たちの活動なんて本当に役にたったのだろうかと、帰ってからも問い続けていたのだ。

彼らと同じ気持ちで被災地を後にした隊員が何人もいたのではないかと思う。

消防責任を担う市町村が持つ唯一の実働部隊が消防であり、消防は如何にして住民に応えるのかを考えさせられた。

16　報告

調整本部の重要な任務に被害状況や消防部隊の活動報告がある。

その日の活動結果を消防庁へ報告するためにはそれなりの手順と時間が必要であるが、「毎日の夕方に上げて欲しい」というオーダーがくる。

すなわち、政府の緊急災害対策本部会議に間に合うように報告が求められるのである。

国の危機管理センターには各省庁からの緊急参集チームが招集され、そこに集められた情報は緊急災害対策本部会議への報告材料となる。

報告（情報）は次のルートをたどる。

・最前線の活動隊▽・都道府県隊▽・指揮支援隊▽・消防本部▽・調整本部▽・消防庁▽
・緊急参集チーム▽・緊急災害対策本部会議

この流れは必ずしも正確ではないが、少なくともこうした手順がある。

電話で聞き取るが、繋がりが悪い。

インターネット回線が支障なく使えたとしても、それなりの時間が必要である。

新たな報告が求められる都度オーダーに見合った様式を作成して、朝、昼、晩、消防本部に報告を求める。

被災地に負担をかけたという思いしか残らない。

一番の問題は、現に活動中の部隊から報告を求めることにある。

調整本部で担当した隊員たちは、その報告が今後の方針の検討に欠かせないことや、事後の対策資料となり予算になるのだと理解するが、被災地に負担をかけている気持ちが勝るのである。

混乱する国の様子が伝わり「向こうも大変なんだ」と分かる。

オーダーを求める人も指示を受けてのことだと理解するが、災害は現場で起きていることに気づいてと思うのだ。

17　顔の見える関係

派遣先の調整本部において、いくら経験があろうと消防大学校で学んだからといって不安なくテキパキできることではない。

そうしたところに、知る人がいるということがどんなに心強いか、誰しも感じることではないか。

私の活動において、特に仙台市消防局、石巻地区広域行政事務組合、岩手県指揮支援部隊の名古屋市消防局、福島県指揮支援部隊の千葉市消防局には、消防大学校や自衛隊化学学校、緊急消防援助隊訓練、消防救助技術大会、あるいは過去の災害現場などいろいろな場面で知り合い、共にやってきた仲間がいたのだ。

そうした顔の見える関係があったことは、質の高い情報交換ができ、的確な判断、早い決断にもつながった。

また、調整本部においても顔の見える関係をつくることができた。

調整本部では定期不定期の会議を開催するごとに顔が見え、個別に資料をもらったり、相談に駆け込んだりすることもできるようになった。

宮城県災害対策本部 実務者会議

隊員たちもそうした関係をつくっていったことにより、情報共有の幅が広がっていったのである。

なんといっても仙台市消防局の渡邊主幹は、宮城県の危機管理官をはじめ、県警から派遣されていた警察官なども面識が深く、県内消防本部にも知った方が多かったことは本当に心強かった。

普段から様々な形で顔を合わせ、宮城県の防災力強化に取り組んでいることを容易に察した。

また、被災地とも顔の見える関係をつくることができた。

それは、部隊長の交代に仕掛けがあった。

交代に要する日を重ね、交代前の2、3日間は代行としたことで、部隊長が現地に赴くことができたのである。

部隊長が現場の状況を確認し、消防長などから直接話を伺うことができたことが長期化する応援体制の調整に

当時の亘理地区行政事務組合消防本部にて
（現在は、あぶくま消防本部亘理消防署）

おいては非常に有効であった。

そうした、顔の見える関係をつくることができたのは、指揮支援隊用の車輌を持ち込んだことにもあった。

指揮支援隊は連絡調整が主任務とはいえ終始県庁に留まっていたのでは、こうした災害時はとかく食い違いが生じたり本意が伝わらなかったりすることがある。

また、どこかへ行くにしてもこれ以上被災地に負担はかけられない。

陸上部隊の第２陣で指揮支援隊用の車輌を持ち込んだことは、部隊長以下指揮支援隊の行動域が格段に増したのだ。

時間がない時は、ヘリを使って積極的に県内を移動したのである。

18　交代

札幌市指揮支援隊は、３月11日から５月11日までの61日間の応援であった。

部隊長については、当初、私と佐藤賢一、西崎哲夫、佐藤佳幸の４名で交代し、４月以降は、西崎、佐藤の2名体制とした。

私は、発災当日から初動時の第1次派遣と3月終盤の第5次派遣、合わせて17日間の派遣であったが、後を受け継いだ西崎、佐藤は、応援部隊の再編成や応援体制の収束に向け、被災地に何度も赴き調整活動を行うなど、派遣期間は30日以上に及んだ。

地元の消防が大きな被害を受けた中で、応援部隊をどのようにしていくかということは難しい調整であったと思う。

いずれの部隊長も、関係機関や地元消防と顔が見える関係ができたことで、被災地首長の住民への想いや消防長の考えも推し量ることができたと思う。

また、指揮支援隊の隊員も当初の4名を8名体制とし、そのうち部隊長を含めた4名を交代

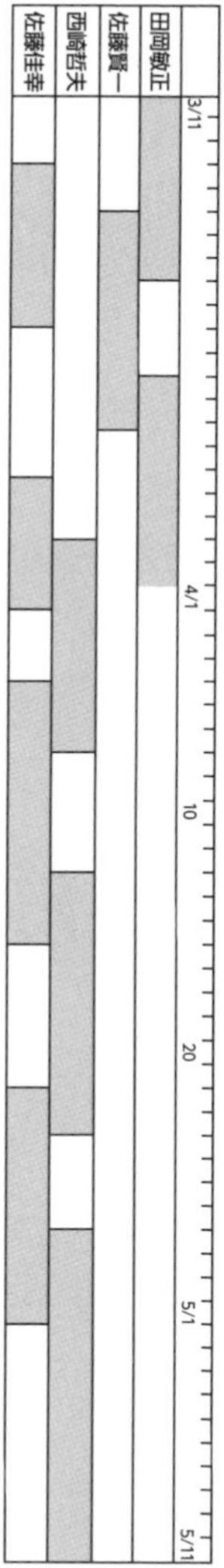

各指揮支援部隊長の派遣期間

するシフトにしたことで、引き継ぎ時に生じやすい齟齬《そご》を防ぐことや、部隊長を補佐するうえでとても有効であった。

こうしたシステムや、顔の見える関係をどのようにするかといったことは、有珠山噴火災害や苫小牧市石油備蓄タンク火災など過去の経験が生かされたのであった。

■結　語

指揮支援部隊長としての所感を述べる（職名は派遣期間）。

▼佐藤賢一　中央消防署 予防担当部長
3月16日～3月24日

私が担当した期間は、部隊配備は一旦落ち着いたがさらに6県が増強され、17日からは23都道府県隊となった。

部隊長を引き継いだ時点で発災から1週間が経ち、検索活動は、２次検索へと進み、消防、警察、自衛隊、海上保安庁と協力したかたちで行われる地域もあった。

なお、各地の状況は電話での情報やテレビ報道でイメージはするものの、道路状況や浸水状況、あるいは瓦礫の状況などの詳しい情報が不足し、応援活動の見通しや部隊の再編に苦労した。

一方で、この時期は水上、水中での活動が本格化し、ガラス片による切創や、強風による負傷、機器損傷事故が目立ったことから、各消防本部を通じて負傷情報等を共有して事故防止を図った。

燃料の手配も重要な課題であった。

緊急消防援助隊の燃料補給車を効率よく活用しながらも、災害対策本部の自衛隊補給班との関係を深めたことによって、自衛隊から燃料を調達することができた。

応援体制の見通しについては、被災地の意向など情報収集に努め、消防庁と調整を進めていったが、派遣元の意向もあり難しい調整になった。

また、いくつかの消防本部が原発事故の対応に回るといった方針が伝えられ、そうしたことを含めて調整を行ううえで、様々な課題が湧いてきた時期であった。

私は一度の派遣であったが、全国からの応援体制における調整の難しさを肌で感じながらも、調整本部のスタッフと共に行えたこと、そして、宮城県を応援した23都道府県隊が一丸となって活動したということに誇りと感謝を申し上げる。

そして、この情報が今後の活動の一助になれば幸いである。

▼西崎哲夫　豊平消防署 予防課長、4月1日 中央消防署警防課長

3月30日～4月7日、4月13日～4月23日、4月29日～5月11日

私が派遣されたのは、3月末から最終となった5月11日までの33日間である。

現場では、2次、3次、4次検索が進められ、警察や自衛隊などの連携によるローラー作戦が展開されていた地域もあれば、水が引いて車輌が現れ、住宅内部に入ることができるようになるなど、初めて検索活動を開始できる地域があった。

一方で、水没のままのところや巨大な瓦礫が障害物となって、手をつけられない地域も存在していた。

また、避難者のストレスや疲労の蓄積、あるいは持病の悪化による救急需用が増えていった。

全体的には、未検索地域が絞られてきたことや、同一場所の検索を複数回実施していることなどを総合的に判断し、部隊の縮小に向けた動きとなり、部隊配備を再編成しながら最終的な引き揚げに向けた調整となった。

活動部隊の転戦や引き揚げ時期の見極めと、その調整には難しいものを感じた。

被災地の自治体や消防本部、応援都道府県隊、応援消防本部、そして消防庁など、それぞれ事情や考えがある中で、最大限被災地のニーズと判断を最優先にしながら災害活動の実態や今後の災害推移であるとか、県内応援の意向を踏まえた調整となった。

それぞれ被災地の実状には十分応えることができなかったかもしれないが、何度か足を運び顔の見える関係が持てたことによって、最終的には理解が得られたものと考えている。

まだ多くの行方不明者がいた中で、応援の消防車が次第に少なくなっていったことは、住民にとっては大きな不安であったと思うが、地元の消防力を僅かながらも補充することで理解をいただくこととなった。

こうした活動を進めることができたのは、これまでの災害派遣の経験や札幌消防が持つノウハウが活かされた結果であると思う。

二度と起こって欲しくはないが、過去の歴史や先人の言い伝えを今一度振り返る謙虚さが求められているのかも知れない。

私を含め、指揮支援部隊の活動にあたっては、地元の消防、宮城県、そして共に頑張った仲間に感謝！　感謝！　である。

▼佐藤佳幸　中央消防署 消防二担当課長　4月1日 豊平消防署 警防課長
3月14日～3月20日、3月27日～4月1日、4月5日～4月15日、4月21日～5月1日

発災から3日目の14日早朝、札幌丘珠飛行場から札消ヘリで宮城県庁に向け出発した。途中、機内からの眼下には、海岸から内陸に向かって広がる甚大な被災状況を目の当たりにし、この光景をしっかり記憶に残し、かかるべき任務の重大さを覚悟した。

霞の目駐屯地から仙台市消防局の車両で宮城県庁入りしたが、1階ホールには被災して避難していた市民もおり、中には、毛布を被り横たわっている方も見受けられ、これが災害により起っている現実であるということも受け止めた。

2階にある災害対策本部の消防応援活動調整本部に入り、第1次派遣の田岡指揮支援部隊長の

指揮のもと業務を開始し、第9次派遣からは指揮支援部隊長として第13次派遣（4月21日から5月1日まで）をもって任務を終え、そこで体験したことを記したいと思う。

《最初の任務》

県庁に到着して、いきなり東京電力㈱福島第一原子力発電所3号機の水素爆発が発生したとの情報が入っていた。

県南部の亘理地区で活動している活動隊員のことが気がかりであった。

放射性物質に起因する数値の情報もなく、また入手する手段もなかったことから、影響を考慮し、活動隊には活動する際の適正な装備の徹底について情報を提供した。

さらに、消防庁からの派遣職員に早急な装備の充実について説明し、要望した。

これが最初の仕事であった。

これから何が起こるか分からない。そういう環境にいることを実感し、見えない災害因子にも血眼になって、尽くせる手段を講じることも学んだ瞬間であった。

《信　頼》

調整本部には県庁職員や仙台市消防局の職員も入り、共に調整を担っていただいた。特に県庁職員の中に塩釜地区と石巻地区からの派遣消防職員がいたので、警戒体制や広域的消防活動の観点に精通しており、あらゆる場面で助けられ、時には現地の指揮支援隊長に助言していただき、理解を得るなど信頼ある存在で、本当に救われた。

地元でも同僚や家族、親類の方々が被災しているにもかかわらず、発災から調整本部に泊まり不眠不休で任務を全うする姿勢は、本当に頭の下がる想いで一杯であった。

また、仙台市消防局の職員の中には、勤務体制を変更して毎日勤務となり、日々調整本部で私たちと行動を共にしていただいた。

県内代表消防本部として、県内各消防本部の事情にも精通しており、緊急消防援助隊の部隊配置の際には、受入れ消防本部との調整にも尽力していただき、お陰でスムーズな部隊配置が叶う場面も多くあった。

特に活動後期では、県内応援体制の確立に向け、県内消防本部と積極的な調整を展開していただき、被災市町の理解と安心を確保していただいた。

《顔の見える関係》

災害対策本部での任務も日を重ねると、次第に災害対応関係機関の方々とも意志疎通が図れ、似たような苦境に陥ったときはお互いの立場を理解できる、そんな雰囲気を感じた。その証として毎日夕刻に行われる関係機関が集まる会議では、それぞれの活動状況や相互協力の求め等、時には捜索活動の観点で熱い議論も交わした。

消防庁からの派遣職員と共に調整活動を展開したが、最も助かったのは、実は仙台市消防局の職員が消防庁に出向していて、その部署が広域応援室であり、正にこの災害を担当していた職員がこの調整本部に派遣されてきたのである。

彼とは調整事務の関係で連絡をとっていたので、発災から業務にあたっていた彼の置かれている状況も理解していた。

私は、部隊長として、彼に県内の被災状況をしっかり見ていただくと共に、緊急消防援助隊の今後の再配置に向けた取組みときには、きっと力になってくれるものと信じ、滞在期間中は様々な観点で調整、議論を交わし、多くの意見を聞いていただき感謝している。

彼の帰庁後も再配置に関するアドバイスをいただく等、スムーズな調整業務に取り組めたことは、現場重視という同じ消防人として通じるものがあったとしみじみ感じた。

また、私は、とにかく被災地域に赴き、消防長はじめ指揮支援隊長と意見交換をし、意志疎通を図ることで、顔の見える関係を構築し、相互信頼を確立してこそ調整事務を成せたものと思う。

《むすびに》

第2次派遣から日記をつけることにした。

消防応援活動調整本部での指揮支援部隊として、どのような展開が繰り広げられ、被災地の消防本部とそこで活動する緊急消防援助隊との調整の経過を克明に記録し、のちの業務に生かすこととした。

あらためて目を通すと、関係する方々の理解や協力を求め、脳みそに「汗」をかいて辛抱強く調整業務にあたっている自分にも会え、垣間見ることができた。

派遣中、私自身、被災者のあることばでさらなる士気を高めることができた場面があった。

それは、気仙沼市内にある階上《はしかみ》中学校の卒業式で、卒業生代表である梶原裕太君の答辞の中で述べられた「天が与えた試練というにはむごすぎるものでした。辛くて、悔しくてたまりません。しかし、苦境にあっても、天を恨まず、運命に耐え、助け合って生きていくことが、これからのわたくしたちの使命です」と。

このことばを聞いて、果たすべき役割をしっかり受け止め、最後まで全身全霊で任務を全うするということをあらためて決意したのである。

▼田岡敏正　中央消防署 警防課長
3月11日～3月18日、3月23日～3月30日

度重なる大災害を教訓に強化されてきた緊急消防援助隊であるが、対策の域を超えた対応が求められた。

混乱もした。

そうした中にあってもなんとかやっていけたのは、皆が「一人でも多く助けたい、なんとかしなければ！」という気持ちの表れであり、それぞれの普段の備えがあったからである。

応援部隊が来るまでの現場は想像を絶した。

応援部隊も厳しい環境の中で懸命の活動にあたった。

そうした経験は貴重な財産であり、それぞれの、また組織の糧となる。

生かす場がないにこしたことはないが、いつどこで何が起きても不思議でない。

多くの消防職員、消防団員が身を挺して残した教訓は、必ずや生かさなければならず、そのためにもしっかり伝える。

それが経験した者の責任であると思う。

おわりに

東日本大震災から1年ほどして、「災害エスノグラフィー」を知りました。

一言でいうと、災害対応の経験や知恵を体系化する研究だと言います。教訓やその場面にいなければわからない人の知恵を体系化して、その場に居合わせなかった人々に対し、その災害とはどういうものなのか、どういう事が起きるのかといったことを、追体験し、共有化できるようにするのがエスノグラフィー調査の目的とされています。

言い換えると、災害を体験した人が、何を見、何を聞き、何を決めていったのか、その判断となったものは何だったのか、そうしたことを知ることは、居ながらにしてその現場に身を置き、自分の考えと照らし合わせ、災害対応の知恵として得ることができるのです。

消防応援活動調整本部での活動は、初めての体験であったし、思ってもいなかったことにいくつも直面しましたが、そこに集まった者たちの経験や持ち得る知恵を出し合い対処していくことができました。

他方、火災現場では、隊員たちの見えないところで状況が変わっていき一瞬にして一変することの怖さを改めて知っていただけたのではないでしょうか。

この先、自分がどのような災害やどんな場面に遭遇するか分かりません。本書がそうした体験の場となり、読者の災害対応力に少しでも役に立つことができれば幸いです。

また、日頃から消防に期待を寄せている市民の方々にも、消防活動の裏側というか普段ニュースでは見えない部分が少しはご理解いただけたのではないかと思います。

この度の執筆については、美しが丘の火災を知る者として、事故から20年という節目に伝え残したいという気持ちを抱いていたところに、近代消防社の三井栄志社長から背中を押していただいたことが踏み出す決心に繋がったのですが、ご遺族や当時出動した方々には辛い想いを起こさせてしまいました。

皆様からご理解をいただいたとはいえ、作業を進めるにつれ何をどのように伝えればよいのかと自問の溝にはまっていく自分がありました。

そうしたところに、岡田一夫さんの奥様から「あのような悲惨で悲しいことが今後も起こらないことを願っています。こうしたこと（書物として伝え残すこと）がたくさんの方の役に立てるのでしたら、亡き主人もきっと喜ぶと思います」。とのお手紙をいただいたときは、二度目の背中を押していただいた想いでした。

ご遺族をはじめ、多くの方々のご理解とご協力に深く感謝申し上げます。

近代消防社の三井栄志社長とは、特に公益財団法人北海道消防協会在職中に何度かお会いする機会に恵まれたことが、この度の話に繋がったところでもあり、そうした意味で、北海道消防協会と近代消防社にお世話になったことにお礼を申し上げます。

また、過去の事例を紹介することにご理解をいただいた美唄市消防本部、新潟市消防局、神戸市消防局にもお礼を申し上げます。

「東日本大震災 緊急消防援助隊72」に関しては、仙台市消防局の渡邊智浩氏、宮城県総務部消防課に派遣されていた、塩釜地区消防事務組合の大友昭一氏、石巻地区広域行政事務組合の柴田淳也氏、札幌市指揮支援部隊長を務めた、佐藤賢一、西崎哲夫、佐藤佳幸、そして指揮支援隊として出動した札幌市消防局の職員には、当時の状況や想いのほどを提供いただき厚くお礼申し上げます。

後世に伝え残そうと意気込んだところでしたが、何分にも文才に乏しく行き詰っているところ、アドバイスをいただいた方々にこの場を借りて感謝を申し上げます。

本書に掲載したイラストはあくまでイメージです。写真、資料は札幌市消防局の提供です。

田岡敏正

【参考文献等】

・「硬質発泡ウレタンとＡＢＳ樹脂について」（札幌市消防局消防科学研究所報）

・「有風下における建物内部の燃焼状況変化について」（札幌市消防局消防科学研究所報）

・「バックドラフトに関する研究」（札幌市消防局消防科学研究所報）

・「火災現場における有毒ガスの発生とその毒性について」（札幌市消防局消防科学研究所報）

・「我、かく闘えり―東日本大震災と日本の消防―」（久保信保著）

・「東日本大震災　直後の被災地で―その時、仙台の消防と市民はどう動いたか―」（高橋文雄著）

・「いのち燦めく―遺された家族のあゆみ―」（日本消防協会　全国消防殉職者遺族会　北山哲著）

・「なぜ、人のために命を賭けるのか―消防士の決断―」（中澤昭著）

・阪神・淡路大震災における消防活動の記録（神戸市）

・プラスチック素材辞典

・Wikipedia

――追記――

本書発行に伴う著作権使用料は、全国消防殉職者の慰霊のために寄附させて頂きます。

【著者略歴】

田岡敏正（たおか としまさ）

1955年8月　札幌市に生まれる
1974年7月　札幌市消防局
2000年4月　有珠山噴火災害 指揮支援隊
2003年9月　出光興産北海道製油所火災 指揮支援隊
2008年7月　2008北海道洞爺湖サミット
統括警戒本部警戒支援副隊長
2011年3月　東日本大震災 緊急消防援助隊
宮城県指揮支援部隊長
2011年4月　清田消防署長
2012年4月　東消防署長
2013年4月　中央消防署長
2015年3月　退職
同　年4月　公益財団法人北海道消防協会 事務局長
2017年3月　退職
2018年4月　大星ビル管理株式会社 消防担当部長
2020年3月　退職

伝承　今、伝えるべきこと

令和二年十二月十日　第一刷発行

著　者　田岡《たおか》 敏正《としまさ》　
発行者　三井 栄志
発行所　株式会社 近代消防社
〒一〇五—〇〇二一 東京都港区東新橋一丁目一番十九号
（ヤクルト本社ビル内）
TEL　〇三—五九六二—八八三一
FAX　〇三—五九六二—八八三五
URL＝https://www.ff-inc.co.jp/
振込＝〇〇一八〇—五—一一八五

ISBN978-4-421-00944-6 C0030
検印廃止　Printed in Japan